Friedrich Blau
Die deutschen Landsknechte

Ein Kulturbild

Friedrich Blau

Die deutschen Landsknechte

Ein Kulturbild

ISBN/EAN: 9783955641405

Auflage: 1

Erscheinungsjahr: 2013

Erscheinungsort: Bremen, Deutschland

@ EHV-History in Access Verlag GmbH, Fahrenheitstr. 1, 28359 Bremen. Alle Rechte beim Verlag und bei den jeweiligen Lizenzgebern.

EHV
HISTORY

Die
Deutschen Landsknechte.

Ein Kulturbild

von

Dr. Friedrich Blau
Oberlehrer am Realgymnasium zu Görlitz.

Mit 52 Holzschnitten, 5 photolithographischen Tafeln nach A. Dünn, H. Holbein, V. Solis, Jost Amman u. A. und einem Titelblatte nach Hans Holbein.

Zweiter Abdruck.

Görlitz
Verlag von C. A. Starke
1882.

Vorwort zum zweiten Abdruck.

Auf Grund des von zeitgenössischen Schriftstellern und Künstlern Überlieferten will diese Schrift ein treues und lebensvolles Bild des deutschen Landsknechtswesens geben, in dem zuerst wieder nach Jahrhunderten die altgermanische Idee von der allgemeinen Wehrfähigkeit des Volkes zur Geltung kam und das in seiner Blütezeit der hauptsächlichste Träger der alten deutschen Tugenden der Treue, Tapferkeit, Standhaftigkeit und Frömmigkeit war.

Diese Institution, welche Maximilian, der letzte Ritter, schuf und Georg von Frundsberg vervollkommnete, hat in L. Fronspergers seit 1564 in zahlreichen Auflagen erschienenem „Kriegsbuche" eine eingehende Schilderung erfahren. Unter Benutzung dieses Werks, sowie der „Historia Herrn Georgen und Herrn Kasparn von Frundsberg von Ad. Reißner, 1572" ist ein großer Teil meiner Schrift entstanden. F. W. Bartholds 1833 erschienene Monographie „Georg von Frundsberg oder das deutsche Kriegshandwerk zur Zeit der Reformation" und desselben Verfassers „Geschichte der Kriegsverfassung und des Kriegswesens der Deutschen 1864", sowie Wesselys Studie „Die Landsknechte" und J. von Falkes Text zu Graf Breunner-Enkevoerths „Röm. Kais. Maj. Kriegsvölker" sind gleichfalls benutzt.

Zur Vervollständigung des Bildes war es nötig, auch auf die Gesänge der Landsknechte, sowie die Dichtungen und Erzählungen des Hans Sachs, Burkard Waldis, Jörg Wickram ic. zurückzugreifen, sowie die berühmte Schrift des Hofpredigers Musculus gegen den Hosenteufel zu skizzieren.

Einen besonderen Schmuck des Werks bilden die Illustrationen, zum größeren Teil Holzschnitte aus den Ateliers von E. Ade in Stuttgart und J. J. Weber in Leipzig, zum kleineren Photolithographien aus der Druckerei von C. A. Starke. Sie sind meist treue — nur etwas verkleinerte — Nachbildungen von Werken zeitgenössischer Künstler.

Die überraschend freundliche Aufnahme, welche diese zuerst im December vorigen Jahres ausgegebene Schrift gefunden hat, ermutigt mich, in ähnlicher Weise das bürgerliche Leben jenes Zeitalters zu behandeln. Ich hoffe noch im Laufe dieses Jahres „Deutsches Bürgerleben im 15. und 16. Jahrhunderte" herauszugeben.

Görlitz, Juni 1882.

Dr. Fr. Blau.

Inhalts-Verzeichnis.

Seite.
1. Das deutsche Kriegswesen bis zu der Landsknechte Entstehung . . . . 1— 10.
2. Der Landsknechte Werbung, Musterung und Vereidigung . . . . 11— 23.
3. Die militärischen Ämter der Landsknechte . . . . 23— 35.
4. Der Landsknechte Gerichtswesen . . . . 36— 46.
5. Der Landsknechte Bewaffnung und Kampfweise . . . . 46— 57.
6. Rühmliche Kriegsthaten der Landsknechte . . . . 57— 67.
7. Belagerung und Schlacht von Pavia . . . . 67— 82.
8. Landsknechtsführer . . . . 83— 98.
9. Der Landsknechte Lagerleben . . . . 98— 111.
10. Landsknechtstrachten . . . . 112— 121.
11. Die Landsknechte in Bild, Sang und Schwank . . . . 121—142.
12. Der Landsknechte Niedergang . . . . 142—144.

Verzeichnis der Illustrationen.

I. Holzschnitte.

1. Seite 1. Berittene Trompeter. Nach de Gheyn.
2. „ 4. Ritterheer. Nach Jost Amman.
3. „ 7. Kaiser Maximilian I. Nach A. Dürer.
4. „ 8. Landsknecht aus Anfang des 16. Jahrhunderts. Dürers Schule.
5. „ 10. Landsknechte aus Anfang des 16. Jahrhunderts. Nach H. Holbein?
6. „ 11. Landsknechte: Pfeifer, Trommler, Fähnrich, Landsknecht, Doppelsöldner. Nach Virgil Solis.
7. „ 12. Patent umzuschlagen. Nach Jost Amman.
8. „ 14. Pfennigmeister und Musterschreiber. Nach Jost Amman.
9. „ 15. Musterung der Landsknechte. Nach Jost Amman.
10. „ 19. Verlesung des Artikelbriefs. Nach Jost Amman.
11. „ 20. Vereidigung. Nach Jost Amman.
12. „ 22. Hauptmann über ein Fähnlein. Nach Jost Amman.
13. „ 23. Obrist der Fußknechte. Nach H. Holbein.
14. „ 25. Lieutenant, Pfeifer, Trommler, Fähnrich. Nach D. Hopfer.
15. „ 26. Profoß. Nach Jost Amman.
16. „ 28. Freimann mit Steckenknecht. Nach Jost Amman.
17. „ 29. Croßweibel. Nach Jost Amman.
18. „ 30. Fähnrich. Nach Jost Amman.
19. „ 31. Gemeinweibel. Nach Zeichnung aus Dürers Schule.
20. „ 33. Kaplan. Nach Jost Amman.
21. „ 34. Kaiserlicher Herold. Nach H. Holbein.

VII.

22. Seite 36. Schultheiß mit Trabanten. Nach Jost Amman.
23.   „   38. Malefizgericht. Nach Jost Amman.
24.   „   41. Hinrichtung. Nach Jost Amman.
25.   „   43. Fürsprech und Räte. Nach Jost Amman.
26.   „   45. Recht der langen Spieße. Nach Jost Amman.
27.   „   47. Zweihänder. Aus Poten, Handwörterbuch der Militärwissenschaften.
28.   „   53. Kampf der Landsknechte. Nach Jost Amman.
29.   „   54. Reisige. Nach Jost Amman.
30.   „   55. Beschießung und Bestürmung. Nach Jost Amman.
31.   „   56. Brandmeister. Nach Jost Amman.
32.   „   67. Georg von Frundsberg.   ⎱ Nach Holzschnitten in A. Reißners Historia.
33.   „   69. Kaspar von Frundsberg.   ⎰
34.   „   75. Kampf der Reisigen und Fußknechte. Nach Jost Amman.
35.   „   83. Georg von Frundsberg.   ⎤
36.   „   92. Conrad von Boyneburg.   ⎟ Nach Holzschnitten in Bechsteins „Zweihundert deutsche
37.   „   94. Franz von Sickingen.   ⎟   Männer."
38.   „   96. Ulrich von Hutten.   ⎦
39.   „   99. Troß auf dem Marsche. Nach Jost Amman.
40.   „ 100. Sudler und Sudlerin. Nach P. Flötner.
41.   „ 102. Marketender. Nach Jost Amman.
42.   „ 103. Der Profoß auf dem Markte. Nach Jost Amman.
43.   „ 105. Übergabe der Schlüssel einer Stadt. Nach Jost Amman.
44.   „ 106. Plünderungsscene. Nach Jost Amman.
45.   „ 108. Lagerleben. Nach Jost Amman.
46.   „ 110. Feldarzt. Nach Jost Amman.
47.   „ 112. Landsknechts-Trachtenbild. Nach A. Dürers Schule.
48.   „ 113. Landsknecht mit gelösten Kniegürteln. Nach Fr. Brunn.
49.   „ 119. Pluderhosentracht. Nach Jost Amman.
50.   „ 121. Ein vom Tode überwundener Landsknecht. Nach A. Claeffens.
51.   „ 123. Landsknechte von der Weltlust gelockt und dem Tode bedroht. Nach Urse Graf.
52.   „ 132. Hans Sachs. Nach J. Betz.

II. Photolithographien.

Tafel 1. Zug der Landsknechte. Nach H. S. Beham und de Bry.
  „   2. Ein Landsknechtslager. Nach Jost Amman. (Die Erklärung auf Seite VIII.)
  „   3a. Trachtenbild. Ende des 15. Jahrhunderts. (Enge Halbhosen, Ärmel mit zerschnittenen Wülsten.) Nach M. Zasinger.
  „   3b. Landsknechtstrachten. Nach Virgil Solis.
  „   4. Landsknechtstrachten nach Fr. Brunn.
         1. Landsknecht mit Panzerhemd. 2. Freimann mit Pluderhose und Kettenkappe.
         3. Profoß mit Pluderhose und Kappe (Mäntelchen). 4. Landsknecht mit halber Pluderhose.
  „   5. Ein Fähndrich. Nach H. Goltzius.

VIII.

Erklärung zu Tafel 2.

L. Fronsperger giebt in seinem Kriegsbuche eine große Anzahl von Tafeln, auf denen Kriegslager der Landsknechte abgebildet sind. Seinem Werke ist die Abbildung des von einer Wagenburg eingeschlossenen Lagers auf Tafel 2 entnommen. Die derselben beigegebene Erklärung lautet:

1. Bedeutet die vorderste Oberstart oder Wacht der Reisigen. 2. Die Vorderpforte vor dem Feldgeschütz. 3. Die mittlere Pforte der Wagenburg. 4. Die hintere Pforte. 5. Das Feldgeschütz. 6. Das obere Fähnlein auf der Wacht bei dem Geschütz. 7. Das mittlere Fähnlein Knechte auf Wacht. 8. Das untere Fähnlein Knechte auf der Wagenburg. 9. Der Lärmplatz. 10. Des Generalobristen Losament mitten im Lager. 11. Geschütz und Munition. 12. Proviantplatz am Wasser. 13. Hochgericht. 14. Die Tränke der Pferde oberhalb des Lagers. 15. Liegen die Reisigen bis an das Wasser. 16. Proviantplatz im Lager. 17. Die Metzig, wo man das Vieh schlachtet. 18. Krämer- und Marketender-Hütten und Zelte. 19. Schiffbrücke. 20. Des Feldmarschalls Gezelt. 21. Oberster der Justitia. 22. Oberster Quartiermeister. 23. Generalobristen Lieutenant. 24. Kriegsräthe und Musterherrn. 25. Kanzlei. 26. Herolds Losament. 27. Des Obristen Feldtrompeter. 28. Des Generalobristen Hofgesind. 29. Oberster Proviantplatz. 30. Das vordere und obere Regiment Fußknechte. 31. Die zehn Fähnlein herab nacheinander vor dem Lager. 32. Der Fähnriche Zelt. 33. Der Hauptleute Zelt. 34. Des Obristen Zelt. 35. Oberster Lieutenant. 36. Zwölf Zelte des Schultheißen und der Gerichtsleute. 37. Wachtmeister. 38. Quartiermeister. 39. Proviantmeister; Profossen liegen am Wasser bei dem Proviant. 40. Das untere Regiment Fußknechte. 41. Des Obristen Zelt. 42. Oberster Lieutenant. 43. Schultheiß und Gerichtsleute zwölf. 44. Wachtmeister. 45. Quartiermeister. 46. Proviantmeister. 47. Profoß und sein Stockmeister und Steckenknecht. 48. Kaplan und Oberschreiber, sammt anderm Gesind. 49. Wagenmeister und Troßweibel. 50. Der Hauptleute und ihrer Lieutenants Gezelt. 51. Der Schießplatz. 52. Ein Fähnlein Knechte wacht an der Brücke.

Druckfehler-Verzeichnis.

Seite 3, Zeile 16, lies der statt die.
„ „ 11, lies Virgil Solis.
„ 27, Zeile 27, lies linken statt rechten.
„ 63, Zeile 3, lies halten statt hätten.
„ 134, Spalte 2, Zeile 11, lies seinen rostigen statt seinenro stgen.
Tafel IIIb., lies Virgil Solis.

Berittene Trompeter nach J. de Gheyn.

1.
Das deutsche Kriegswesen bis zu der Landsknechte Entstehung.

Der deutsche Fürst, den man als den letzten Ritter gepriesen hat, Maximilian I., war der Schöpfer der Landsknechte. An die Stelle des Rittertums, das nach einem glänzenden Aufschwunge während der Kreuzzüge rasch in Verfall geraten war, und in der wachsenden Roheit und Zügellosigkeit mit dem Verständnis für seine hohe Aufgabe auch die Kriegstüchtigkeit eingebüßt hatte, durch die es sich sonst auszeichnete, ließ Maximilian I. in richtiger Erkenntnis dessen, was not that, eine kriegerische Einrichtung treten, welche auf die uralte germanische Auffassung von der allgemeinen Wehrfähigkeit des Volkes zurückgriff.

Wie die Hellenen der Heroenzeit im Kriegsdienste die vornehmste Stütze der höchsten Güter des nationalen Lebens erblickten und sich ihm deshalb mit ganzer Seele widmeten, so war auch bei den alten Deutschen alles, was ihnen heilig und wert war, auf das innigste mit dem Kriegsdienste verwachsen, in dem sie die einzige Gelegenheit erblickten, die edelsten Eigenschaften des Geistes und Körpers vor Mit- und Nachwelt zu entfalten. Die Kriegspflicht war deshalb eine allgemeine und jeder zur Führung der Waffen, welche auch in Friedenszeiten die unzertrennlichen Begleiter aller Freien bildeten, Berechtigte hatte auch die Verpflichtung, am Volkskriege teilzunehmen, soweit nicht die Unreife der Jugend oder die Schwäche des Alters das unmöglich machten. Der Kriegsdienst gab die höchste Ehre und — bezeichnend für die Rechtsanschauung der alten Germanen — beruhte die Teilnahme an demselben nicht allein auf dem Grundbesitze, sondern auf dem Waffenrechte, so daß auch die wehrhaft gemachten des selbstständigen Grundbesitzes noch entbehrenden Söhne der freien Landeigentümer und selbst die Freigelassenen das Volksheer mit bildeten, dessen Hauptstärke im Fußvolke bestand. Untermischt mit Reitern, die oft genug in Fußkämpfer sich verwandelten, fochten sie in keilförmiger Aufstellung, zuerst mit unbedecktem Haupt und Nacken und entblößter Brust, erst in späterer Zeit mit dem hohen Schilde und den Kopfhäuten des Auerochsen, Hirschs oder Elentiers sich deckend, gegen den Feind, im Fernkampfe mit Wurfkeule, Spieß, Schleuder und Frame, im Nahkampfe mit Streitart und schwerem langem Speere, bis nach dem Beginn der Völkerwanderung Schwert und Dolch allgemeiner gebräuchlich wurden.

Schon unter der merovingischen Herrschaft ward mit der Erblichkeit der Königsherrschaft auch die Verbindung der Wehrpflicht mit dem Grundbesitze eingeführt. Bei den Eroberungen waren große Massen von Ländereien in den Besitz der Könige gelangt, die nun durch Verleihung von Grundstücken (Belehnung) Freie, wie Unfreie, denen sie Hof-, Kriegs- und Verwaltungsämter übertrugen, sich persönlich verpflichteten. Jeder, der dem Könige ganz oder teilweise seine Ländereien verdankte, erachtete sich für verpflichtet, diesem in jedem Falle Kriegsdienste zu leisten; während die Freien nur zur Teilnahme an einem Volkskriege verbunden waren, den die Volksversammlung beschlossen oder gutgeheißen hatte. Die Zahl der „Getreuen" oder „Leute" des Königs, wie man die Empfänger von Land zum Nießbrauch nannte, mehrte sich rasch. Doch war die Kriegsverfassung dadurch nicht in dem Maaße umgestaltet, wie das Karl der Große für seine Eroberungskriege als notwendig erachtete. Um eine jederzeit zu seiner alleinigen Verfügung stehende Streitmacht in erforderlicher Zahl und Beschaffenheit zu erlangen, erweiterte dieser Kriegsfürst die Kriegsdienstpflicht wieder und zog auch das bewegliche Vermögen zum Kriegsdienste heran, indem er durch Gesetz bestimmte, daß, wer keinen Grundbesitz hatte, eine Beisteuer zur Ausrüstung der kriegsdienstpflichtigen kleinen Landeigentümer entrichten mußte. Die Leistung der Pflichtigen wurde nach der Größe des Grundbesitzes bemessen, so daß nur noch der Besitzer von vier Hufen Landes als Fußkämpfer mit leichter Bewaffnung erscheinen durfte, wer aber eine größere Hufenzahl besaß, als Reiter mit schwerer Rüstung seinen Kriegsdienst zu leisten hatte. Die Gemeinfreien mit kleinem Grundbesitz mußten sich vereinigen, um für je vier Hufen einen Mann zu stellen, und verfielen, wenn dieser ausblieb, schweren Geldbußen oder der Knechtschaft. Auch gab Karl Vorschriften über die Art der Bewaffnung, was allerdings nötig erschien, da noch bis zu seinen letzten Regierungsjahren viele lediglich mit Knütteln zur Bekämpfung der Feinde erschienen. Da schon die vorgeschriebene Ausrüstung für einen Krieger zu Fuß den Wert von acht, für einen Berittenen sogar von fünfzehn Kühen hatte und überdies jeder Kriegsdienstpflichtige sich auf drei Monate auf seine Kosten mit Lebensmitteln versehen mußte — so kann es nicht überraschen, daß diese enorme Steigerung der Kriegsdienstpflicht die meisten kleinen Gemeinfreien veranlaßte, in ein Vasallenverhältnis zu treten, das sie wenigstens vor Willkür bei der Einberufung zum Kriegsdienst schützte. Damit begann das Lehnswesen einen ungemein wichtigen Einfluß auf alle Verhältnisse des fränkischen Staats auszuüben.

Die von Karl geschaffene neue Kriegsverfassung war nicht im Stande unter seinen weniger tüchtigen Nachfolgern dem Verfalle der Wehrkraft vorzubeugen, die — nach der 843 erfolgten Teilung des karolingischen Reichs in Italien, Deutschland und Frankreich — in Deutschland besonders in den Kämpfen mit dem Reitervolke der Magyaren zu Tage trat, welches von Ungarn aus um 900 n. Chr. mit Raubzügen das deutsche Land, besonders im Osten und Süden, heimsuchte. Es bleibt das große Verdienst Heinrichs I. aus dem glorreichen sächsischen Hause, durch Anlegung von Burgen an den Grenzen und durch Umwandlung des Heers in ein Reiterheer Deutschlands Wehrkraft wieder hergestellt zu haben. Seine Einrichtungen trugen zugleich wesentlich dazu bei, die noch vorhandenen Reste der kleinen Gemeinfreien vor den Nachstellungen der weltlichen und geistlichen Aristokratie zu retten, wie sie anderseits Anlaß zur Entstehung der Städte wurden, die bald der Sitz strebsamen Bürgertums und städtischer Freiheit wurden. Seine Anordnung, daß sich die sächsischen Vasallen mit berittenen Dienstleuten und Knechten dem Aufgebot zu stellen hatten, — während bis dahin in Sachsen die Kunst, das Roß zu tummeln, das Geheimnis einer geringen Zahl gewesen war und der größte Teil des Adels nur unzureichend bewaffnete Dienstleute gestellt hatte, die zu Fuß den Kriegsdienst leisteten, — gestaltete die Grundlage der deutschen Heerverfassung völlig um. Der Kriegsdienst zu Fuß verlor seitdem im Heerbanne allen Glanz und alle Ehre. Bald galten die Worte Kriegsmann und Rittersmann für gleichbedeutend, aus dem Volksheere wurde ein Ritterheer.

Aus den gepanzerten Reitern der sächsischen Kaiserzeit erwuchs nach und nach ein geschlossener Stand mit eigenen Abzeichen und Gebräuchen, mit eigener Verfassung und Bildung, der Ritterstand, dessen Blüthe in die Zeit der Kreuzzüge und der Hohenstaufen fällt.

Ritterheer nach Joſt Ammans Holzſchnitt in L. Fronspergers Kriegsbuch 1564.

  Er nahm den Krieg für ſich allein in Anſpruch und ſuchte perſönlichen Kampf und perſönliche Ehre. Mann gegen Mann fechtend — denn das berittene Gefolge ſtand in den hintern Gliedern und griff nur im Notfalle ein — war er lediglich darauf bedacht, ſeine Mitglieder zum Einzelkampf auszubilden, was in den ſeit den Kreuzzügen eingeführten Turnieren geſchah, und die Bewaffnung ſo zu geſtalten, daß Mann und Roß, ſelbſt auf Koſten der Beweglichkeit, eiſengepanzert gegen Stoß und Hieb geſichert wurde. Leider entartete dieſer Stand, deſſen Mitglieder nach dem bei ihrer Aufnahme geleiſteten Eide tapfere und fromme Männer von ſtrengſter Ehrlichkeit, unerſchütterlicher Redlichkeit, opferwilliger Freundſchaft und ſteter Bereitwilligkeit Unterdrückten und Verfolgten zu helfen, ſein ſollten, raſch genug zu einer übermütigen und unbotmäßigen, gewaltthätigen und raubluſtigen Genoſſenſchaft, die ohne Scheu und meiſt auch ohne Strafe, im Vertrauen auf die Feſtigkeit ihrer Burgen und die Machtloſigkeit der Obrigkeit, den übrigen Bewohnern Deutſchlands,

5

namentlich aber den die verlorene Wehrfähigkeit wieder erstrebenden Bürgern, feindlich gegenübertrat.

Wie sehr die Entartung der Ritterschaft auch ihre kriegerischen Leistungen beeinträchtigte, das zeigte sich zur Schande des deutschen Reiches bereits in den Hussitenkriegen. Im Jahre 1431 war ein großes vom Kaiser gegen die aufständischen Hussiten aufgebotenes Lehnsheer, dessen Waffen ein Cardinal zum Kampf gegen die Ketzer feierlich geweiht hatte, im Anmarsche gegen das böhmische meist aus Bauern bestehende Volksheer begriffen. Und dies über 100,000 Mann starke Heer floh schmachvoll bei der Meldung vom Anrücken der an Zahl schwächeren Hussiten bei Taus und ließ seine Wagenburg von 8000 Wagen und unermeßliche Beute in den Händen der Feinde. Vergeblich stellte sich der päpstliche Legat, ein englischer Königssohn, mit Donnerworten den Fliehenden entgegen — in wilder Flucht eilten Fürsten und Ritter davon oder ließen sich ohne Gegenwehr niedermetzeln. Da riß der Cardinal das deutsche Reichsbanner in Fetzen und warf es scheltend den Fliehenden vor die Füße. An diesem Tage der Schmach für das Reichsheer war das Banner der Stadt Straßburg das letzte, welches den Rückzug zu decken versuchte; in der Bedrängnis durch die Ritterschaft hatten die deutschen Städte die Wehrhaftigkeit ihrer Bürger ausgebildet und im Kampfe mit ihren Gegnern schon häufig Proben ihrer Tapferkeit abgelegt. Seit diesem Tage von Taus war es jedermann klar geworden, daß das Lehnsheer, welches das Reichsheer ausmachte, nicht mehr im Stande war, dem Reiche Schutz zu gewähren, und es lag also nahe genug, auf Abhilfe zu denken. Die berüchtigte Energielosigkeit Friedrich III., der nahezu ein halbes Jahrhundert an der Spitze Deutschlands stand, ließ es nicht zu einer Reform des Heerwesens kommen, aber dessen Sohn, der ritterliche Maximilian, der für den Krieg in Flandern zur Behauptung der burgundischen Länder, die ihm die schöne Maria von Burgund zugebracht hatte, eines kriegstüchtigen Heeres bedurfte, wurde Reformator des mittelalterlichen Heerwesens und Schöpfer der Landsknechte.

Um in den Fehden und Kriegen Fußvolk zu haben, das man z. B. bei Belagerungen gar nicht entbehren konnte, hatte man schon früher Fußknechte um Sold anwerben müssen, und nach beendigtem Kriege waren diese Söldnerscharen, wenig geneigt, sich einer friedlichen Beschäftigung zu widmen, von dannen gezogen, um einem andern Kriegsherrn ihre Dienste anzubieten, und da an Fehden niemals Mangel war, so war ihnen das leicht gelungen. Solches Fußvolk Freiwilliger, das sich durch Schwur zu gemeinsamen Abenteuern und gemeinsamer Beute verband und nur dem selbstgewählten Führer gehorchte, kommt schon am Ende des dreizehnten Jahrhunderts in Deutschland vor und ist vom Ende des vierzehnten Jahrhunderts an bei jedem Kriege mit thätig. Ihm schloß sich bald genug hergelaufenes Gesindel an, welches Krieg und Fehde als willkommene Gelegenheit zum Rauben und Plündern ansah. Als seit der Anwendung des um die Mitte des vierzehnten Jahrhunderts erfundenen Schießpulvers im Kriege die persönliche Tapferkeit und die Gewandtheit in Führung der Waffen seitens des gewappneten Ritters nicht mehr den Ausschlag im Kampfe gab und den aus Büchsen und größeren Geschützen geschleuderten Geschossen selbst die trefflichste eherne Rüstung keinen Widerstand mehr leistete, glaubten Fürsten und Vasallen und Städte ihrer Lehnspflicht durch Sendung gemieteter Söldner genüge zu leisten und die Zahl dieser Söldner nahm rasch zu. Unter den Söldnerschaaren des fünfzehnten Jahrhunderts ist die schwarze Garde die berühmteste geworden, die zeitweise über viertausend Mann stark war. Nach einander in den Diensten verschiedener Fürsten — so verheerte sie im Solde des Ungarnkönigs Matthias Corvinus nach Georg Podiebrads Tode Schlesien, wie sie später unter Albrecht dem Beherzten von Sachsen in Geldern einfiel und entsetzlich hauste — fand sie schließlich im Dienste des Dänenkönigs Johann im Jahre 1500 ihren Untergang im Kampfe mit den freien Ditmarschen, die dem Schlachtrufe der schwarzen Garde: „Wahr di, Buer, de Garde kumt!" (Hüte dich, Bauer, die Garde kommt!) den ihrigen entgegensetzten: „Wahr di, Garde, de Buer kumt!" (Hüte dich, Garde, der Bauer kommt!)

Damals wurden von dem 30,000 Mann starken Heere des Dänenkönigs an 20,000 Mann getödtet, und die Ditmarschen, deren ganze wehrhafte Bevölkerung noch nicht den dritten Teil des feindlichen Heeres betrug, verloren nur 60 Mann. Die in ihrem freien Lande bedrängten Bauern hatten den Damm durchstochen und überschwemmten so den Feind, der des Terrains unkundig in Gräben und Löcher stürzte und ertrank. Die Söldner hatten die Rache der Bauern dadurch herausgefordert, daß sie bei dem Einbruche in das Land gar übel gehaust hatten. Geringe Ueberreste der schwarzen Garde entkamen und traten in den Sold Albrecht des Beherzten und des Ostfriesen Ezards des Großen. Später hat man nichts mehr von ihr gehört.

An die Stelle dieser Söldnerhaufen, die eine Ergänzung des Ritterheeres bildeten, setzte Maximilian die Landsknechte. Dem „letzten Ritter" war es, wie J. Wessely in seiner Schrift über die Landsknechte bemerkt, vorbehalten, die Idee der Soldtruppe in ein System zu bringen und aus den um Sold dienenden Kriegern Soldaten zu bilden. Die aus dem Lehnsverhältnis entspringende Verlegenheit, welche durch die häufigen Versuche der Vasallen, sich ihrer Kriegspflicht zu entziehen, hervorgerufen wurde, lehrte Maximilian, sich ausschließlich der Soldtruppen zu bedienen und diesen einen der ritterlichen Ehre der Vorzeit entsprechenden Geist einzuflößen. Der Umstand, daß mit den Geschützen und Handfeuerwaffen ein neues Element von höchster Bedeutung in die Kriegsführung gekommen war und daß die italienischen Bandenführer die taktische Beweglichkeit wieder zu Ehren gebracht hatten, nötigten ihn zu einer durchgreifenden Reform des Kriegswesens.

Als er nun wegen Burgunds mit Frankreich, das schon seit 1380 Soldtruppen verwendete, Krieg zu führen gezwungen war, rief er in seinen österreichischen Erblanden tüchtige Stadt- und Landbewohner zusammen, bewaffnete sie mit kurzem Schwert und langem Spieß und gab ihnen meist adelige Hauptleute zu Führern. Sie wurden

„Landsknechte" genannt, weil sie Dienstleute des Landes waren oder nach einer anderen Angabe im Gegensatze zu den häufig in französischem und italienischem Solde kämpfenden Schweizern oder Gebirgsknechten. So sind, wenn es auch schon 1474 von dem berüchtigten Vogt Carls des Kühnen Peter von Hagenbach heißt, daß er Landsknechte geworben habe, im Jahre 1487 durch den damaligen römischen König Maximilian die ersten deutschen Landsknechte geschaffen. Sie bildeten die erste Grundlage der Wehrverfassung, welche sich in fortwährender Vervollkommnung zum stehenden Heere ausgebildet hat, das seit dem dreißigjährigen Kriege in den meisten Ländern Europas eine, wie es scheint, unentbehrliche Institution geworden ist.

Kaiser Maximimilian I.
Nach Albrecht Dürers Holzschnitt von 1519.

Die Aufnahme, welche Maximilians Ruf in Oesterreich, Tyrol und Schwaben fand, bewies am besten, wie richtig der Fürst gehandelt hatte, als er, mit den Ueberlieferungen des Mittelalters entschlossen brechend, den Kriegsdienst wieder dem ganzen Volke zugänglich machte, der bis dahin als ein Vorrecht des Adels gegolten hatte.

Und wie Maximilian den bis dahin verschmähten Bürgern und Bauern den Waffenruhm des deutschen Reiches anvertrauend zuerst oberländische Knechte aus den Ortschaften des schwäbischen Oberlandes, Tyrol ꝛc. zur Fahne rief, so waren auch Edle von den schwäbischen Ritterbänken die Ersten, welche verständig auf die Neuerung eingingen. Ein Graf von Hohenzollern war nach dem Habsburger der nächste, welcher den Ritterhochmut ablegte und Landsknechtsbewaffnung und Landsknechtsbrauch annahm und weiter ausbildete. Eitel Friedrich, Graf von Zollern, Reichserbkämmerer und Hauptmann zu Hohenberg, Erbherr zu Haigerloch, stand Maximilian in den Händeln mit Brügges Zünften tapfer mit seinem Spieße zur Seite. Ihn sah man in jenen schwülen Tagen auf dem Markte zu Brügge in der Handhabung des Spießes unerfahrene niederländische Edelleute eigenhändig in dem Gebrauche der achtzehn Fuß langen neuen Waffe unterweisen. Freilich erleichterte König Maximilians gefeierte Persönlichkeit dem Adel die Mitwirkung bei der neuen Schöpfung auf dem Gebiete des Kriegswesens sehr. Er, der „Teuerdank", der im ritterlichen Scharfrennen auf den Turnieren seinen Meister nicht fand, dem kein Falkenierer gleichkam im Federspiel, den kein Gemsenjäger übertraf an Kühnheit und an sicherem Blick, hielt es ja selbst nicht unter seiner Würde, dann und wann als Landsknecht mit dem langen Spieße und dem breiten Schwerte auf freier Heeresstraße zu Fuß sich blicken zu lassen. So geschah es 1505, wo Pfalzgraf Friedrich seinem Jugendgespielen Erzherzog Philipp, des Kaisers Sohne, eine stattliche Schaar von Fürsten und Adeligen zu Hilfe nach Arnheim führen wollte, die rasch entschlossen mit Landsknechtswehr zu Schiffe nach Emmerich fuhr und, da sie dort hörte, daß Philipp seinen Anschlag gegen den Herzog von Geldern aufgegeben habe, den Spieß auf der Schulter den Heimweg zu Fuß antrat. Bei Xanten wurde ihnen unvermutet die Ankunft des Kaisers gemeldet und von Scham ergriffen, in so ungewohntem Aufzuge vor dem Reichsoberhaupte zu erscheinen, gaben die Fürsten und Herren eilig die Spieße ihren Dienern. Aber kaum hatte der Kaiser das erfahren, als er sie dringend bitten ließ, unbekümmert ihren Weg fortzusetzen, und zehn Tage später erschien Kaiser Max selbst in ihrer Mitte und schloß sich ihrem Zuge an.

Landsknecht aus dem Anfange des XVI. Jahrhunderts. Nach Federzeichnung aus A. Dürers Schule.

Der Anblick, wie Maximilian an der Spitze einer Schar von neunhundert Fürsten und Herrn, darunter zwei Pfalzgrafen bei Rhein, zwei Herzöge zu Sachsen, die beiden Markgrafen zu Brandenburg, die Herzöge von Mecklenburg, Braunschweig und Würtemberg und Georg von Frundsberg, den Spieß auf der Schulter in Köln am Rhein als Landsknecht einzog, mußte wohl unter dem stolzen rheinischen Adel das seit Jahrhunderten herrschende Vorurteil für rittermäßige Rüstung durchbrechen und Hohe, wie Niedrige zu dem neuen Kriegsdienste einladen und so war in kurzer Frist der „frommen das ist: tapferen) Landsknechte" Wesen in allen deutschen Gauen in Brauch.

Es ist mehr, als Zufall, daß in demselben Jahre, in welchem die Wehr deutschen Reichs dem Alleinbesitz des Adels entrissen und den Bürgern und Bauern mit anvertraut wurde, die Ritterschaft der vier deutschen Nationen, der schwäbischen, fränkischen, bairischen und rheinländischen, das letzte allgemeine deutsche Turnier gefeiert hat. Zu Worms war in der Woche nach Bartholomäus, also Ende August des Jahres 1487, der Adel zum letztenmale zum althergebrachten Kampfspiele vereinigt und, als ahne die Ritterschaft, daß diese Zusammenkunft die letzte sei, wurden die vier Turnierkönige, darunter ein Dalberg, nebst dem Hauptsieger, Konrad von Ahelfingen aus Schwaben, „zu Blatt getragen", das heißt, ihre Wappenschilder wurden mit feierlichem Gepränge zur Schau getragen.

Mit der Entstehung der Landsknechte ging das deutsche Rittertum zu Grabe. Wenn späterhin noch von Turnieren die Rede ist, so verstand man darunter nicht mehr das gefahrvolle Scharfrennen, das die halsbrechende Lust der eisengepanzerten Ritter gewesen war, sondern ein zierliches gefahrloses Ringelstechen und artige Quadrillenreiterei.

Landsknechte aus der 1. Hälfte des XVI. Jahrhunderts.
Nach Handzeichnungen (von H. Holbein?)

Pfeifer, Trommler, Fähndrich, einfacher Landsknecht, Doppelsöldner.
Nach einer Radierung von Victor Solis.

2.
Der Landsknechte Werbung, Musterung und Vereidigung.

Wenn ein Fürst einer bewaffneten Macht bedurfte, so war es sein Erstes, daß er einem berühmten Kriegsmanne den Bestallungsbrief eines Feldobristen zusandte mit einem offenen Patente, das diesen ermächtigte, ein Regiment ober- oder niederländischer Knechte aufzurichten, und mit dem Artikelbriefe, welcher den Rechtsbrauch und die Verfassung festsetzte, in welcher der Fürst sein Kriegsheer gehalten wissen wollte.

„Regiment", aber nicht in dem heutigen Sinne einer Heeresabteilung von bestimmter Größe, hieß die kriegerische Gesellschaft. Ein Regiment wurde „aufgerichtet", wenn eine Kriegerzunft unter festen Bedingungen auf gewisse Zeit zusammentrat, um unter der Führung eines Obristen für Sold sich dem Dienste eines Fürsten zu widmen.

Wenn Zahl der Fähnlein, Sold und Musterungsplatz festgesetzt waren, beschaffte sich der zum Feldobristen ernannte Kriegsmann die zur Errichtung des Regiments nötigen Geldmittel und oft mußte er seinen Kredit bei Freunden und reichen Kaufherren in Anspruch nehmen, wenn ihm nicht der kriegführende Fürst von vornherein ausreichende Mittel zur Verfügung gestellt hatte, was durchaus nicht immer und bei dem fast stets in Geldnöten steckenden Kaiser Maximilian wohl niemals der Fall war, oder wenn er nicht etwa bei dem Kriegsvolke als hinreichend sicher bekannt war.

Da die Errichtung eines Regiments dem Feldobristen eine weite Aussicht auf Erwerb bot, so hatten die Fürsten nicht immer gleich nötig, Geld zu zahlen; die Hoffnung auf Gewinn bewog den Kriegsmann oft genug, selbst die Mittel aufzubringen.

Der ernannte Feldobrist besuchte nun seine Waffengefährten und Freunde unter Adel und Bürgerschaft, wählte unter ihnen einen Stellvertreter (Lokumtenens) oder Obristlieutenant und bestellte die Hauptleute über die einzelnen Fähnlein. Die ihnen erteilte Ermächtigung, Krieger zu werben, wurde in kaiserlichen oder fürstlichen Schreiben in Städten und Landgemeinden bekannt gemacht; die Hauptleute ließen durch Trommelschlag das Werbepatent „umbschlagen" und ehrliche und rüstige

Patent umzuschlagen.
Nach Jost Amman im Kriegsbuche.

Gesellen zum Eintritt in das Heer auffordern und namentlich in dem starkbevölkerten Oberdeutschland pflegte solche Aufforderung niemals erfolglos zu sein. „Wenn der

Teufel Sold ausschrieb", erzählt uns Sebastian Frank in seiner volkstümlichen Chronik, „so fleugt und schneit es zu, wie die Fliegen in dem Sommer, daß sich doch jemand zu Tod verwundern möchte, wo dieser Schwarm nur aller herkam und sich den Winter erhalten hat."

Es war aber keineswegs hergelaufenes Gesindel, wie es in Falstaffs lächerlicher Kompagnie uns entgegentritt, was zu den Fähnlein strömte. Der Eintritt in die Gemeinde der frommen Landsknechte war nicht leicht; nur wer mit Wams und Schuhen, Blechhaube, Harnisch, Schwert, dem langen Spieße oder einer Hellebarde, auch wohl mit einer Hakenbüchse von Haus aus versehen war, wurde in die Musterrolle aufgenommen. Die kriegerische Bewaffnung galt als das Handwerkszeug, welches die Gesellen in die Zunft mitzubringen hatten; an eine gleichmäßige von dem Kriegsherrn zu gewährende Kleidung, wie jetzt die Uniform, dachte noch Niemand.

Es konnten unter diesen Umständen nur Bürger oder Bauern von einer gewissen Wohlhabenheit in die Reihen der Landsknechte treten; aber auch unter solchen fehlte es niemals an kecken Gesellen, welche aus Lust an Abenteuern, aus Freude an kühnen Unternehmungen Haus und Hof verließen, freudig ihre Habe auf stattliche Landsknechtausrüstung verwandten und der Werbetrommel folgten.

Vielfach waren es wohl unruhige Handwerksgenossen, welche sich dem Kriegshandwerke widmeten, und das war der Grund, weshalb die französische Ritterschaft unter der Führung Bayards, des Ritters ohne Furcht und Tadel, mit vornehmer Verachtung auf die frommen Landsknechte herabsah und sich, wie das vor Padua geschah, weigerte, mit den Fußknechten gemeinsam den Sturm zu wagen, „von denen einer ein Schuster, der andere ein Hufschmidt, der dritte ein Bäcker ist, und sonstige Handwerksleute, die alle nicht in so hohen Ehren stehen, als die von Adel."

Aber neben den Landleuten und Handwerkern traten auch häufig genug Söhne reicher Geschlechter aus den Städten und Adelige von den Burgen, Studenten und jüngere und ältere Männer anderer Berufsstände in das Landsknechtsheer ein, namentlich, nachdem erst die deutschen Landsknechte durch ihre Heldenthaten sich einen Namen gemacht hatten und mit dem Anfange des 16. Jahrhunderts eine Glanzperiode deutscher Waffenrüstigkeit und deutschen Schlachtenruhms begonnen hatte, wie sie erst nach drei Jahrhunderten wiedergekehrt ist. Von allen Seiten drängten sich Herren- und Edelleute in die Fähnlein der Landsknechte, stritten in den vordersten Reihen und erwarben sich als Doppelsöldner Ehre und Geld. Ritter und Bürger wetteiferten in der Errichtung von Fähnlein, je mehr das deutsche Fußvolk zu Ehren kam, und das geschah schnell genug in einem Zeitalter, wo auf den Schlachtfeldern Rußlands, Schwedens, Englands, Frankreichs und Italiens deutsche Landsknechte die Entscheidung herbeiführten. Denn nicht nur dem Oberhaupte des deutschen Reichs, nicht nur deutschen Fürsten dienten die Landsknechte, sie folgten ihren Führern auch in das Ausland und halfen dort in ehrenvollem und einträglichem Dienste Thaten ausführen, die dem deutschen Fußvolke immer mehr Ruf verschafften. Den Weg in den ausländischen Dienst bahnten ihnen die deutschen reichsunmittelbaren Edelleute, die nach altem Brauch und nach der eigentümlichen Verfassung des Reichs das Recht in Anspruch nahmen, nicht nur selbst in fremde Kriegsdienste zu treten, sondern auch Streitgenossen in unbegrenzter Zahl für das Ausland zu werben, solange nicht ein bestimmtes Verbot vom Reichsoberhaupte ergangen war.

Hatte der kriegsluftige Gesell seinen Namen und Geburtsort, sein Alter, seinen Stand in die Musterrolle eintragen lassen und sich mit dem Artikelbriefe des neuen Regiments bekannt gemacht, so erhielt er ein Stück Geld „auf den Lauf", mit der

Pfennigmeister und Musterschreiber.
Nach J. Amman im Kriegsbuche.

Weisung, sich an einem festgesetzten Tage an dem bestimmten Sammelplatze einzufinden. Nicht der Listen und Gewaltthaten der Werbeofficiere, wie sie im vorigen Jahrhunderte allgemein üblich waren, bedurfte es damals, ein Heer zusammenzubringen, freiwillig stellten sich die Kriegsluftigen ein, bereit, ohne lange vorherige Drillung bald in den Kampf zu ziehen.

Männern von hohem Kriegsruhme, wie Georg von Frundsberg, Franz von Sickingen, Sebastian Schärtlin, war es eine Kleinigkeit, in kürzester Frist Heere von fünf-, zehn-, ja zwanzigtausend Mann aufzubringen, denn die deutsche Kriegerzunft hatte bald durch das ganze Reich genaue Kundschaft unter einander.

Waren nun am bestimmten Orte die in die Musterrollen der einzelnen Hauptleute eingetragenen Gesellen zusammen gekommen, so erschien der Musterherr mit Kriegsräten und Musterschreibern zur Stelle, ein erfahrener, meist vornehmer Kriegsmann mit scharfem Blicke. Auf freiem Felde wurde sodann eine Pforte von Spießen, ähnlich dem aus drei Speeren gebildeten römischen Joche errichtet, und an ihr hielt der Feldobrist zu Roß und der Hauptmann des zu musternden Haufens zu Fuß.

Musterung der Landsknechte.
Nach Jost Amman im Kriegsbuche.

Der Musterherr ließ nun die Knechte jedes Fähnleins, die in Doppelzeile einander gegenüber aufgestellt waren, vorüberziehen, und der Musterschreiber, der neben ihm saß, mußte aufschreiben, was ihm der Musterherr in die Feder sagte. Es war

Aufgabe des Musterherrn, keinen Krummen, Lahmen oder Schwachen passieren zu lassen und darüber zu wachen, daß volle 400 gute, gesunde und wohlgebaute Knechte jedem Fähnlein angehörten. Da manche Hauptleute „finanzierens halber" mehr Namen in der Musterrolle, als Landsknechte im Fähnlein hatten, so mußte sorgfältig jeder Mann gemustert werden, damit er nicht etwa zweimal oder mit den erborgten Waffen eines schon vorüberpassierten erschiene. In jedem Fähnlein mußten hundert Doppelsöldner oder wenigstens Ueberfolde sein, ehrliche und erfahrene Kriegsleute, die mit besonders guter und vollständiger Wehr versehen waren, und schon zu Carls V. Zeit wenigstens fünfzig geschickte Hakenschützen mit Feuerröhren.

War der Vorübermarsch und die Musterung zu Ende, so wurde der Sold jedes einzelnen bestimmt und er mit seiner Bestallung an den Pfennigmeister verwiesen. Hierauf wendete sich der Feldobrist in einer kurzen kräftigen Ansprache an die Geworbenen, las ihnen in vollem Ringe den Artikelbrief vor, und verständigte sich mit ihnen über das Recht, welches in der Kriegsgemeinde gelten sollte. Die völlige Freiheit des Einzelnen, in das Regiment einzutreten, oder nicht, und die verschiedenartigen persönlichen Beziehungen derselben machten eine vorherige Verständigung nötig, da die Knechte meist nur mit Vorbehalt, — z. B. zu Carls V. Zeit mit dem, nicht gegen die protestantischen Stände fechten zu müssen, — ihre Namen eintragen ließen, und durchaus keine Neigung hatten, blindlings dem Obersten in jede Unternehmung zu folgen, ein Umstand, der für das Unabhängigkeitsgefühl und die Ueberzeugungstreue jener handwerksmäßigen Krieger ein schönes Zeugnis ablegt.

Kamen nun alle Fähnlein nach beendigter Musterung zum erstenmale im Regiment zusammen, so ließ der Oberste, der zu Roß saß, die Landsknechte um sich einen Ring bilden, gebot Stille, entblößte das Haupt und hielt eine kurze Ansprache, in der er ihnen an das Herz legte, daß der Fürst ihrer zur Rettung und Beschirmung seines Landes und seiner Leute bedürfe, und sie aufforderte, dem Fürsten treulich zu dienen und die Artikel „wahr und stet" zu halten. Diese Artikel, die in dem mehr oder weniger ausführlichen Artikelbriefe enthalten waren, wurden nun nochmals von dem Schreiber verlesen.

Leonhard Fronsperger hat uns in seinem von 1564 an in zahlreichen Auflagen erschienenen Kriegsbuche, das für die Kenntnis des Landsknechtswesens die reichste Quelle ist, eine Anzahl solcher Artikelbriefe aufbewahrt. Sie sind in Betreff der Zahl der Artikel verschieden, enthalten aber viele im Wesentlichen übereinstimmende oder völlig gleiche Forderungen.

Nach dem ersten Artikelbriefe im 1. Buche des Fronspergerschen Kriegsbuchs sollen die Landsknechte schwören, dem Kaiser, dem obersten Feldhauptmann und ihrem Feldobristen treulich zu dienen, ihren Schaden zu wenden und ihr Frommen zu fördern, allen von dem Obristen bestellten Hauptleuten, Fähnrichen, Weibeln und Befehlshabern ohne Widerrede und Zögern gehorsam zu sein in Allem, was sie mit ihnen schaffen und gebieten, das Kriegsleuten zusteht, sie seien edel oder unedel, klein oder groß; keine Meuterei zu machen, sondern sich gebrauchen zu lassen, es sei zu den Feinden oder von den Feinden, auf Zügen oder Wachten, zu Wasser und zu Lande, bei Tag oder Nacht, je nachdem es die Notdurft erforderte und dem Kaiser gelegen oder von Nöten sein würde; sich nach Bestimmung des Obristen zusammen, einzeln oder in Rotten gebrauchen oder schicken zu lassen. Sie sollten sich enthalten, Gott und Heilige zu lästern, sich auch verpflichten, Frauen, alte Leute, Kinder und Geistliche nicht zu schädigen, auch auf den Zügen nicht die Kirchen zu plündern. Sie sollten schuldig sein, dreißig Tage für einen Monat zu dienen und sich mit vier rheinischen Gulden Sold zu begnügen, auch Geduld haben, wenn sich etwa die Auszahlung um einen halben Monat verzögern sollte, und daraus kein Recht herleiten, Wachdienst oder Kriegsdienst zu verringern. Wer, ohne seinen Sold abgedient zu haben, ohne Erlaubnis des Obristen das Fähnlein verließe, solle ehrlos sein und an Leib und Leben gestraft werden. Auf den Zügen solle kein Landsknecht ohne ernsthaften Grund aus der Reihe treten und wer sich weigere, den zur Aufrechterhaltung der Ordnung getroffenen Anordnungen Folge zu leisten, dürfe ohne Weiteres niedergestoßen werden. Nach einer gewonnenen Feldschlacht, die durch den Obristen angeordnet sei, solle der laufende Monat als voll angesehen werden und mit dem nächsten Tage neue Löhnung beginnen, weiter aber sollten die Landsknechte nichts vom Kaiser verlangen und sich auch gedulden, wenn nicht sofort Geld da sei. Dagegen aber solle Sturmsold nicht gewährt werden, sondern, wenn sich die Landsknechte nicht mit der Aussicht auf Beute begnügten, sollten andere Völker zur Bestürmung von Städten, Festen ꝛc. verwendet werden. Ebensowenig sollten sie Ansprüche auf besonderen Lohn haben, wenn sie in dem von ihnen besetzten Platze von den Feinden angegriffen würden und den Sturm abschlügen. Bei Leibesstrafe dürfe keiner in einer durch Vertrag eingenommenen Ortschaft plündern. Beim Sturm und in der Schlacht dürfe ebenfalls niemand plündern und Beute machen, bis die Walstatt und der Platz erobert sei, und ebenso dürfe niemand ohne Genehmigung seines Hauptmanns das Lager zu Beutezügen verlassen. Wer in der Schlacht oder im Gefecht die Flucht ergreife, dürfe straflos getötet werden, ja der verdiene sich großen Dank, der einen solchen Feigling niederschlüge. Die Landsknechte mußten auch schwören, ohne Erlaubnis des Obristen keine Gemeinde (Versammlung) zu veranstalten, mit dem Feinde weder im Lager, noch auf dem Zuge, noch in Besatzungen ohne besondere Erlaubnis zu verhandeln, weder mündlich, noch brieflich. Wer Verrat oder andere böse Stücke von Landsknechten zur Anzeige bringe, solle dafür einen Monatssold oder mehr und großen Dank erhalten, der Verräter aber dem Profoßen überliefert werden. Kein Landsknecht solle den andern stechen oder schießen, auch keinen alten Neid oder Haß auf so löblichem Zuge auslassen, weder in Worten, noch in Werken. Wenn es zu Schlägereien käme, sollten die Nächststehenden dreimal Frieden gebieten; wer dann nicht gehorche, dürfte straflos niedergeschlagen werden, und der Todesstrafe verfalle, wer nach gebotenem Frieden einen andern verwunde. Der Bestrafung verfalle, wer nicht auf Wache zöge, wenn es ihm befohlen wäre, oder ohne Erlaubnis einen andern statt seiner gehen ließe oder gar die Wache verließe. Mit Kriegsknechten von andern Nationen im kaiserlichen Heere solle kein Landsknecht Streit anfangen, auch zur Vermeidung von Streitigkeiten das Spiel mit ihnen meiden. In Freundesland solle niemand etwas mit Gewalt und ohne Bezahlung nehmen oder beschädigen bei Leibesstrafe. Wenn dem Feldlager Proviant zugeführt werde, solle keiner darüber herfallen und davon nehmen, ehe der Preis festgestellt sei, auch dürfe niemand vor das Lager hinauslaufen, um Proviant vorweg zu kaufen, sondern müsse abwarten, bis der Proviant auf dem vom Profoßen bestimmten Platze zum Verkauf gestellt sei. Die Profoßen und ihre Knechte dürfe niemand in ihren Amtsverrichtungen hindern; wer einen von diesen Verhafteten befreie, solle bestraft werden, als sei er selbst der entflohene Thäter. Auch dürfe sich keiner bei zwei Hauptleuten einschreiben oder doppelt mustern lassen oder einem andern seine Wehr und seinen Harnisch leihen, damit dieser sich darin mustern lasse. Wer das thue, solle ein Schelm von jedermann gescholten und dazu an Leib und Leben gestraft werden. Wenn Reisige (berittene Krieger) und Fußknechte in einem Lager lägen, sollten die letzteren den Reisigen Platz lassen zur Unterbringung ihrer Pferde und sich mit ihnen vertragen; auch sollte sich jeder mit dem Losament (Quartier, Unterkunft) begnügen, das ihm vom Vorgesetzten angewiesen würde, und nicht etwa in eines andern Quartier ziehen. Verboten wurde das Brandschatzen, Brennen oder Lageranzünden ohne Befehl, das Lärmen (Alarmieren) ohne Not, die Zerstörung von Mühlen oder Mühlwerken, sowie jeder Eingriff in die Rechte und Freiheiten der Nachrichter. Betreffs des Spiels wurde bestimmt, daß keiner dem andern etwas aufschlagen, noch weiter, als sein Gegner mit barem Gelde zahlen könne, mit ihm spielen dürfe; Spielschulden sollten über die Höhe des Soldes hinaus ungiltig sein. Weiter hieß es: „Es soll sich auch ein jeder des Zutrinkens und anderer sündlicher Laster enthalten. Und wo einer in der vollen Weise (in der Trunkenheit) von den Freunden geschlagen würde oder einen in der vollen Weise schlüge oder sonst mißhandelte, der soll ebenso, als wäre er nüchtern gewesen, an Leib und Leben gestraft werden und ihn das nicht entschuldigen". Keiner solle an gefährlichen Orten, besonders bei Nacht schießen, auch keiner ohne Waffen das Lager verlassen. Die Landsknechte sollten den Eid auf sechs Monate leisten, aber auch nach Ablauf dieser Zeit weiter dienen müssen, wenn es nötig sei. Wenn der Kaiser ihrer vor oder nach Ausgang dieser sechs Monate nicht bedürfe, so habe er das Recht, sie gegen Zahlung eines halben Monatssolds für den Abzug zu beurlauben (zu entlassen). Was einer in Schlachten, Stürmen, oder sonst den Feinden abgewönne, solle einem jeden nach Kriegsrecht und -Ordnung bleiben, mit Ausnahme von Geschütz, Pulver, Proviant- und Zeughäusern. Die in den Häusern und Höfen der Bürger gefundene oder dem Feinde abgenommene Beute gehöre dem Erbeuter, aber erbeutetes Vieh und erbeuteter Proviant dürfe nur im Lager selbst verkauft werden. Fremde Leute, die keinen Dienst vom Kaiser hätten, solle kein Hauptmann in seinem Fähnlein dulden, sondern sie dem

Obristen anzeigen. Niemand solle, ohne schwach oder krank zu sein, zum Trosse gehen. Als Abzeichen solle jeder ein aufgenähtes rotes Kreuz und über dem Harnisch eine rote Binde tragen. Wer die verlesenen Artikel nicht halte, solle als eidbrüchig vom Obristen gestraft werden, und an die Artikel sollten auch diejenigen im Heere Dienenden gebunden sein, die bei der Eidesleistung auf die Artikel zufällig nicht zugegen gewesen seien. Wem einer oder der andere Artikel in Vergessenheit komme, der habe sich zum Schultheißen zu verfügen und sich von dem Auskunft erteilen zu lassen. Der letzte Artikel entband alle, die von den Feinden etwa gezwungen würden, zu geloben, daß sie dem Kaiser nicht mehr dienen wollten, im voraus von ihrem Eide.

Verlesung des Artikelbriefs.
Nach Jost Amman im Kriegsbuche.

Andere Artikelbriefe enthalten auch noch Bestimmungen über die Ausrüstung und Bekleidung und sonstige Erweiterungen des zuerst mitgeteilten. So lautet der zweite „Artikel auf die Teutschen Knecht" im dritten Teile des Kriegsbuchs: „Zum andern soll ein jeder Kriegsmann sich gottloser Wort und Werke enthalten und den Sieg wider den Feind von oben herab von Herzen bitten und so oft zu dem Gottesdienst oder der Predigt des Wortes Gottes umgeschlagen wird, sich zu der Predigt verfügen und dieselbe ohne ernstliche Ursache keineswegs versäumen; wird sich aber einer oder mehrere mit gotteslästerlichen Worten und Werken vergreifen und erzeigen, der oder dieselben sollen an Leib und Leben gestraft werden. Wer auch zu Zeiten der Predigt und des Gottesdienstes in Weinkellern oder sonst an leichtfertigen Orten betreten wird, den soll der Profoß Macht haben, in die Eisen zu legen und nach Bestimmung des Obristen strafen. Auch soll während des Gottesdienstes kein Wein, Bier oder dergleichen durch die Marketender ausgezapft und verkauft werden." Das Verbot, Mühlen zu zerstören, war in späteren Artikelbriefen ausgedehnt auf Backöfen, Ackergeräte und was zu gemeiner Notdurft dienstlich, es sei bei Freunden oder Feinden, wie denn auch bei Leibesstrafe untersagt wurde, Wein, Korn oder Mehl mutwilligerweise auslaufen zu lassen oder zu verderben. Die Bestimmungen wegen des Betrinkens waren vermehrt; wer betrunken auf der Wache getroffen wird, soll in Eisen gelegt werden, ebenso wer sinnlos betrunken auf der Straße oder im Zuge betroffen wird, und wer wegen Völlerei den Kampf versäumt, soll Leibesstrafe erleiden. Die Spielschulden waren hiernach ganz allgemein für ungültig erklärt. Endlich verpflichtete ein Artikel die Landsknechte, mit Ausnahme ihrer Eheweiber keinen Anhang im Troße mit sich zu führen.

Vereidigung.
Nach Jost Amman im Kriegsbuche.

Nach Verlesung des Artikelbriefes erfolgte die Vereidigung der Landsknechte in die Hände des Schultheißen, eines der obersten Beamten, dem die Rechtspflege im Heere oblag; sie mußten schwören, die Artikel „wahr, fest und stet zu halten und darwider nicht zu thun in keiner Weise, noch Weg".

Sodann wurden die andern höheren Beamten, wie der Stellvertreter des Obristen, der Quartiermeister, der Proviantmeister und der Profoß im Ringe mit Nennung ihrer Namen vorgestellt. Der Profoß — „die seltsamste Figur des ganzen Haufens, dessen Würde deutsche Mannesstrenge und deutscher Ernst mit fast gemütlicher Persönlichkeit umkleidete und verdeckte, der öffentliche Ankläger und Urteilsvollstrecker, die tausendäugige, überallgegenwärtige Femgewalt, eine Figur, so eigentümlich deutsch, wunderlich und halb komisch und doch wieder so entsetzlich finster", wie Barthold ihn charakterisiert — pflegte sich mit einer kurzen Ansprache bei dem Regimente einzuführen.

„Also, lieben Landsknechte", sprach er, „dieweil ich euch bin zu einem Profoß geordnet, so will ich euch gebeten haben, ihr wollet betrachten, was ihr beschworen habt auf den Artikelbrief, demselben getreu nachzukommen, und wollet gut Regiment führen und handhaben, und euch hüten vor Spielen, Vollsaufen, Balgen, Schelten, Schmachwort und anderen desgleichen; denn ich muß daraufgreifen und durch meine Steckenknechte in Eisen legen, oder, wofür Gott sei, euch zu eigner Strafe überantworten, damit gut Regiment gehalten werde."

Hierauf wurde den Fähndrichen, deren immer einer im Fähnlein war, ihr wichtiges Amt anvertraut und ihnen ihre Fahne eingehändigt. Im Ringe der Landsknechte sprach dann der Obrist: „Ihr Fähndrich, ich befehle euch dies Fähnlein mit der Bedingung, daß ihr werdet schwören und geloben, Leib und Leben bei dem Fähnlein zu lassen. Also wann ihr werdet in eine Hand geschossen, darin ihr das Fähnlein traget, daß ihr es werdet in die andere nehmen; werdet ihr an derselben Hand auch geschädigt, so werdet ihr das Fähnlein ins Maul nehmen und fliegen lassen. Sofern ihr aber vor solchem Allen von den Feinden überrungen und nimmer erhalten werdet, so sollt ihr euch darein wickeln und euer Leib und Leben dabei und darinnen lassen, ehe ihr euer Fähnlein übergebt oder es mit Gewalt verliert!"

Damit überreichte er den Fähndrichen ihre „Fähnlein". Das waren aber nicht, wie man nach dieser Bezeichnung annehmen sollte, kleine Fähnchen, sondern große bei kaiserlichen Regimentern mit dem Doppeladler versehene Fahnen von solchem Umfang, daß selbst ein großer und starker Mann sich bequem in ein solches Fähnlein einwickeln konnte. Mit dem Eide, den die Fähndriche in die Hand des Schultheißen leisteten, übernahmen sie die Pflicht, das ihnen anvertraute Pfand bis auf den letzten Blutstropfen zu verteidigen und wie ernst es ihnen mit diesem Gelübde war, beweisen zahlreiche Beispiele aus der Kriegsgeschichte. Erzählt doch selbst der den Deutschen feindlichgesinnte Geschichtschreiber Paul Jovius, daß ein deutscher Fähndrich mit abgehauener Rechten und verstümmelter Linken, seine Fahne mit den Zähnen festhaltend, auf der Walstatt aufgefunden wurde.

Nachdem so die gemeinsamen Angelegenheiten des ganzen Regiments geordnet waren, trennte sich die Kriegergemeinde. Jedes Fähnlein, vierhundert Mann stark, zog unter seinem Hauptmann an einen besondern Platz, wo nun wieder ein Ring gebildet wurde, in dem der Hauptmann zunächst eine Ansprache hielt, um den Landsknechten tapfere und vorsichtige Führung zu versprechen und unter der Zusicherung, ihnen ein Mitbruder in Freud und Leid zu sein, von ihnen Gehorsam gegen sich und die übrigen vom Obristen gesetzten Offiziere zu erbitten.

Hauptmann über ein Fähnlein.
Nach Jost Amman im Kriegsbuche.

Sodann erfolgte durch den Hauptmann die Vorstellung des stellvertretenden Hauptmanns, des Schreibers, des Kaplans und Feldschers, die er selbstständig erwählte, wiederum unter Ansprachen dieser Beamten an das Fähnlein.

Nun war aber noch die Besetzung derjenigen Ämter und „Befehle" zu vollziehen, über welche das Fähnlein selbst durch freie Wahl zu verfügen hatte. In dieser Wahl der untern Kriegsbeamten zeigte sich am deutlichsten der Charakter der

23

Obrist der Fußknechte.
Nach H. Holbeins Federzeichnung im Königl. Kupferstichkabinet zu Dresden.

Kriegergemeinde als eines freien Gemeinwesens, einer Zunft nach dem Vorbilde der in den Städten des Mittelalters zu Macht und Ansehen gelangten Handwerkerzünfte. Der Hauptmann forderte zur Vornahme dieser Wahlen durch eine neue Ansprache auf, in der er die Landsknechte ersuchte, bei Besetzung ihrer Aemter nicht nach Gunst zu verfahren, sondern sie „nach Ehren und Erheischung der Notdurft" mit ehrlichen, frommen, weidlichen, erfahrenen Kriegsknechten zu versehen. Die Leitung dieser Wahl übernahm zuerst der Feldweibel; der so erwählte erste Gemeinweibel ließ dann den zweiten Gemeinweibel, dieser den Führer und der Führer endlich den Fourier wählen. Schließlich wurde noch durch die Gemeinde selbst die Einteilung des Fähnleins in Rotten von je zehn gemeinen Knechten oder je sechs Doppelsöldnern vorgenommen, sowie die Wahl der Rottmeister durch die einzelnen Rotten selbst. Und damit war denn die Aufrichtung der Kriegsgemeinde vollendet.

3.
Die militärischen Ämter der Landsknechte.

In einem Regimente deutscher Landsknechte gab es, wie wir aus den Vorgängen bei der Organisation

des Regiments erſehen haben, verſchiedene Gruppen von Ämtern, die teils von dem
Fürſten, teils von dem Obriſten, teils von den Hauptleuten, teils von den Landsknechten ſelbſt beſetzt wurden.

Der Obriſt, der Führer des Regiments, war nur in dem Falle, daß eine Anzahl
von Regimentern unter der Führung eines Generalobriſten verſammelt waren, oder in
großen Kriegen mit Artillerie und Reiterei gemeinſam ins Feld zogen, dem Feld-
obriſten oder Generalfeldobriſten untergeordnet, im übrigen hatte er ſelbſt dem Kriegs-
fürſten gegenüber eine ſehr unabhängige Stellung, da das Regiment von ihm geworben
war und die Beſetzung der Offizierſtellen in ſeiner Hand lag. Dieſe Obriſten waren
meiſt durch Kriegsruhm und Reichtum ausgezeichnete Männer, die bei dem Kriegsvolke großes Vertrauen genoſſen. Ihrer Stellung und ihrer Verantwortlichkeit entſprach
ihre reiche Beſoldung, die das Hundertfache von dem betrug, was auf dem Con-
ſtanzer Reichstage 1507 unter Maximilian als Monatsſold für einen Landsknecht
ausgeſetzt war und ungefähr ein Jahrhundert lang der übliche Sold blieb. Nach
einer in Fronspergers Kriegsbuch enthaltenen Beſtallung erhielt zu Karls V. Zeit
ein Obriſt zu ſeiner Beſoldung und Unterhaltung monatlich 400 Gulden und mit Ein-
ſchluß der Ausgaben für ſeinen aus Trabanten, Wagen, Pferden, Spielleuten, Kaplan,
Schreiber, Koch, Dolmetſcher ꝛc. beſtehenden „Staat" ſogar 600 Gulden. Er erſchien
gewöhnlich zu Roß in ritterlicher Tracht vor ſeinem Regimente, begleitet von einer
Anzahl Trabanten, die zu ſeinem Schutze beſtimmt waren.

Der Obriſt ernannte in der Regel einen von den Hauptleuten zu ſeinem Stellvertreter (Obriſt locumtenens oder Obriſtlieutenant), der übrigens, ſolange der Obriſt
anweſend war, einfach als Hauptmann fungierte, aber Doppelſold bezog. Ohne
Rückſicht auf Alter, Herkunft ꝛc. war bei dieſer Ernennung lediglich das Vertrauen
des Obriſten zu der Tüchtigkeit des Mannes maßgebend. Bisweilen, namentlich
bei größeren Feldzügen, wurde neben den Hauptleuten der Fähnlein ein beſonderer
Stellvertreter des Obriſten ernannt, der dann Hauptmannsſold empfing, das iſt, den
zehnfachen Sold des Gemeinen.

Die Hauptleute, welche meiſt von den Obriſten mit der Anwerbung der Knechte
betraut geweſen waren und oft für dieſen erhebliche Auslagen gemacht hatten, erfreuten
ſich gleichfalls einer nicht unbedeutenden Selbſtſtändigkeit. Wie der Obriſt, hatte auch
jeder von ihnen ſeinen „Staat". Sie fochten zu Fuß, wenigſtens in der erſten Zeit
in ritterlicher Rüſtung, mit Streitäxten, Hellebarden oder Schlachtſchwertern.

Bei der Wichtigkeit des Amts war es notwendig, einen Stellvertreter des Hauptmanns (Lieutenant) einzuſetzen, der ihn zu vertreten hatte, wenn der Hauptmann
abweſend war. Dieſen Stellvertreter beſtellte der Hauptmann ſelbſt aus der Reihe
der Doppelſöldner. Der Lieutenant, dem ein beſonderer Staat nicht gehalten wurde,
bezog drei- bis vierfachen Monatsſold.

Lieutenant, Pfeifer, Trommler, Fähndrich.
Nach einer Radierung von D. Hopfer.

Vom Obristen ernannt wurden außer den Hauptleuten noch der Schultheiß, von dessen Amt unten die Rede sein wird, der Wachtmeister, Quartiermeister, Proviantmeister, Pfennigmeister, Profoß und der Feldarzt, welche sämmtlich Hauptmannssold bezogen.

Der Wachtmeister, der ein bewährter und erfahrener Krieger sein sollte, hatte dafür Sorge zu tragen, daß Wachen oder Besatzungen, Runden und Scharwachen gehörig bestellt und mit Losungen versehen wurden, so daß die Sicherheit des Lagers oder Zuges ungefährdet blieb.

Der Quartiermeister hatte die Aufgabe, dem Heere vorauszuziehen und die Gelegenheit zur Unterbringung des Regiments, sei es nun in Ortschaften oder in einem aufzuschlagenden Lager zu erkunden.

Der Pfennigmeister hatte den Sold auszuzahlen und die Geldgeschäfte des Regiments zu besorgen, die oft von großem Umfange waren. Nach L. Fronspergers Forderung sollte er ein geschickter Schreiber und Rechner und gewandter Geschäftsmann von gutem Rufe sein. Zu seiner Hilfe hatte er Schreiber nach Bedarf.

Dem Proviantmeister lag es ob, für gehörigen Vorrat an Lebensmitteln ꝛc. Sorge zu tragen, eine um so wichtigere Aufgabe, da die Landsknechte, solange sie in

Freundesland waren, sich selbst beköstigen mußten. Da er mit vielen großen Herrn in Ländern und Städten zu verhandeln hatte, mußte auch dieser Beamte eine angesehene Person sein.

Profoß.
Nach Jost Amman im Kriegsbuche.

Eine besonders wichtige Person in jedem Regimente war der Profoß, dem die Ausübung der Polizei zustand. Von diesem Amte schreibt L. Fronsperger: es müsse mit einem ehrlichen, geschickten, verständigen und daneben tapfern und ernsten Manne besetzt sein, denn der Profoß sei im Felde dasselbe, was ein Vogt oder Amtmann in einer Stadt oder einem Amte. „Denn nachdem er diejenigen, so mißhandeln (unrecht thun), oder sonst sich ungeschickt und sträflich halten, gefangen nehmen lassen und strafen, auch vor Gericht oder den gemeinen Mann stellen und anklagen soll, will von nöten sein, daß ein Profoß Verstand habe, damit er jeder Zeit wisse, was er thun oder lassen und wie er sein Amt versehen soll, damit er nicht zu viel oder zu wenig thue. Denn thut er zu wenig, ist er liederlich und nachlässig, so folgt daraus unter dem Kriegsvolke große Unordnung, Ungehorsam und viel Mutwillen, ist er zu jäh, streng und hart, so folgt daraus unter dem Kriegsvolke Unwillen, Klage, ja zuweilen Aufruhr und Meuterei! So soll er auch in gebührlichen Sachen tapfer und ernstlich und nicht nachlässig sein, daraus folgt ihm eine Autorität, Ansehen, Furcht und Entsetzen, das denn gut und not ist". Der Profoß hatte, sobald das Regiment irgend wo länger verweilen sollte, nach des Quartiermeisters Angabe einen Platz zum Markte zu bestimmen. Zum Zeichen dessen ließ er nach dem Brauche einen Galgen errichten, ein Sinnbild der Gerechtigkeit, aber zugleich auch ein oft benutztes Strafinstrument. Auf diesem Markte nun hatte er die Ordnung aufrecht zu erhalten, also nach mittelalterlichem Brauche zunächst für die Waaren eine Taxe festzusetzen. Diese durfte nicht zu hoch sein, weil sonst die Landsknechte gemurrt hätten, aber auch nicht zu niedrig, weil sonst die Händler wegblieben. Für den den Händlern gewährten Schutz und für Schätzung der Waaren erhielt der Profoß von allen auf den Markt gebrachten Sachen seinen Anteil, z. B. die Zunge von jedem geschlachteten Stück Vieh, einige Maß Wein oder Bier von jedem Fasse, oder ein entsprechendes Stück Geld. Und wie die Marktleute, so hatten ihm auch die dem Heere folgenden Köche und Köchinnen (Sudler und Sudlerinnen) eine Abgabe zu zahlen. Ebenso hatte er das Recht, von den Gefangenen bei ihrer Entlassung aus dem Gefängnis, das gewöhnlich des Profoßen eigenes Zelt war, eine Abgabe zu fordern, doch wurde ihm dem gemeinen Manne gegenüber darin Maß zu halten zur Pflicht gemacht.

Seine Hauptaufgabe aber war die Handhabung der Polizei innerhalb des Regiments selbst und die Verfolgung von schweren Verbrechen als Ankläger. In dieser Thätigkeit werden wir ihn im nächsten Abschnitt betrachten. In seinem Gefolge waren der Stockmeister (Gefängnisaufseher) mit seinen Gehilfen, den Steckenknechten, sowie der Nachrichter oder „freie Mann" in blutrotem Wams, mit roter Feder auf dem Hute, dem Richtschwerte an der rechten Seite und dem Stricke in der Hand.

Endlich war noch ein Beamter mit Hauptmannsrang im Regimente, der ein militärisches Amt nach unserer Auffassung nicht bekleidete, aber in dem Landsknechtsheere eine unentbehrliche Person war. Die altgermanische gemütliche Sitte, Weib und Kind auf Kriegszügen mitzuschleppen, fand in den Landsknechtsregimentern um so lieber Eingang, da die Landsknechte heimatlos nach kurzer Dienstzeit oft von einem Lande in das andere wanderten und bei diesem gewerbsmäßigen Hin- und Herziehen Weib und Kind zu Trost und Pflege nicht entbehren mochten. Zwar sollten nach den Artikelbriefen die Landsknechte nur ihre Eheweiber und Kinder mit sich führen dürfen und vor der Musterung sich alles andern Anhangs abthun, aber trotz dieser Bestimmung „henkte" sich jedem Regimente ein großer Schwarm von Weibern und Buben an, welche teils den einzelnen Kriegsleuten zu eigen gehörten, ihnen mancherlei Dinge, die zur Gemächlichkeit dienten, nachschleppten, für sie kochten und wuschen,

Der Freimann mit dem Steckenknechte.
Nach Jost Amman im Kriegsbuche.

Kranke pflegten, das Lager reinigten, teils auch als Kleinkrämer die einzelnen Rotten mit allerlei nötigen und angenehmen Dingen versorgten. Dieser Anhang dienstbaren Gesindes, unter dem oft viel Gesindel war, der Troß, hatte seinen eigenen Weibel, dem ein Rennfähndrich, Lieutenant und Rumormeister beigegeben war. Der letztere bediente sich zur Aufrechterhaltung der Ordnung des Vergleichers, eines Stockes von Armeslänge, mit dem er auf die Weiber und Buben unbarmherzig losschlug. Zum Troßweibel wurde meist ein alter erfahrener Kriegsmann gemacht, weil von seiner Führung des schwer beweglichen Schwarms sehr viel abhing, sollte der Troß nicht den Marschierenden oder Kämpfenden hinderlich werden. Beim Aufbruche aus dem Lager hielt er den Troß zusammen, damit er nicht etwa vorauseile, ebenso sorgte er dafür, daß sein Haufe im neuen Lager oder Quartier nicht ungebührlich aufräume.

29

Troßweibel.
Nach Jost Amman im Kriegsbuche.

An Rang und an Sold dem Hauptmanne zwar nicht gleich, aber, wie jener, vom Obristen selbst bestellt, war der Fähndrich, von denen jedes Fähnlein einen besaß, nach dem Hauptmanne der wichtigste Mann im Fähnlein. Er war nicht, wie unsere heutigen Fähndriche, ein blutjunger Bursche, sondern meist ein Mann in voller Manneskraft und man suchte mit Vorliebe zu diesem Amte große, stattliche, mannhafte Gesellen aus, weil von ihrem Mute und ihrer Entschlossenheit und Geistesgegenwart oft Ehre und Schicksal des ganzen Regiments abhing. Sobald zum Aufbruch umgeschlagen war, erhob er das Fähnlein, welches immer zum Kennzeichen vor seiner Herberge oder seinem Zelte aufgerichtet blieb, ließ es fliegen und begab sich mit dem Spiele, d. i. den Trommelschlägern und Pfeifern, auf den Lärmplatz. Beim Sturm mußte er allezeit voranschreiten, den Knechten wohl männlich zureden und sich immer so zu stellen wissen, daß sein Fähnlein aufrecht gesehen wurde. In der Schlacht erblickte man ihn im heißesten Streite; auf der Flucht hielt er seine Gesellen auf; half kein Widerstand, so durfte er, um sein Fähnlein zu retten, es eher in Stücke zerreißen, als dem Feinde übergeben. War die Schlachtordnung gemacht, so gab er dasselbe einem Kriegsmanne neben ihm, nahm dafür dessen Hellebarde auf die Achsel und umging besichtigend und Mut einsprechend die aufgestellte Ordnung. Bei Belagerungen steckte er sein Fähnlein auf einen Schanzkorb; bei Wachtposten ganzer Haufen ließ er sein Fähnlein hoch flattern; beim Sturm pflanzte er es auf die gewonnenen Mauern und Zinnen. Er hatte allezeit die beiden „Spiel", Trommler und Pfeifer, bei sich, die er aus den Landsknechten sich selbst wählte und die unter seiner Aufsicht standen; seine Besoldung betrug sechs Sölde. Seine Tracht war schimmernd, ausgezeichnet; ein handliches Schwert hing ihm zur Seite. Er stellte das fröhliche, tapfere Gewissen seiner Untergebenen dar, wenn sein Fähnlein hoch wehte; war es mit der Spitze in die Erde umgekehrt, geheftet oder zusammengewickelt, so klebte

Fähndrich.
Nach Jost Amman im Kriegsbuche.

Schande oder unbestrafter Frevel der Genossenschaft an; war es schwarz beflort, so bedeutete es den Tod eines geliebten Obristen, der oft von Söldnerhaufen, so lange sie überhaupt zusammen blieben, betrauert wurde.

Wie der Fähndrich, wurde auch der Feldweibel für jedes Fähnlein vom Obristen ernannt. Nach L. Fronsperger sollte er ein betagter, weidlicher, ehrlicher, geübter und kriegserfahrener Mann sein, der früher schon öfters als Rottmeister, Gemeinweibel, Führer 2c. von seinen Genossen gewählt war. Ihm lag die Aufstellung der Knechte zum Kampfe, die Herstellung der gevierten Ordnung ob, auch mußte er die Landsknechte lehren einen Igel zu machen, wie er denn der Exerciermeister und Drillmeister des Regiments war. Daneben hatte er die Pflicht, die Wachen zu besetzen und ablösen zu lassen und die vom Obristen geholte Losung den Schildwächtern zu geben. Bei Streitigkeiten zwischen gemeinen Landsknechten mußte er auf ihr Anrufen den Schiedsrichter spielen und bei den so häufigen Vorkommnissen, wo die Landsknechte wegen Ausbleibens der Löhnung oder aus andern Gründen zu murren oder gar zu meutern begannen, erwartete man von ihm, daß er die Vermittelung übernähme und die Landsknechte beruhigte. Er hatte ferner in der Versammlung des Fähnleins die erste Abstimmung über die Wahl des Gemeinweibels zu leiten. Außerdem war er Beisitzer im Malefizgerichte und hatte bei einer Gerichtsverhandlung vor der Gemeinde entweder für den Profoßen das Wort zu führen oder auf Verlangen dem Angeklagten als Verteidiger beizustehen. Er erhielt vierfachen Sold, auch wurde ihm ein „Junge" zur Bedienung gemustert und gehalten, der so erwachsen war, daß er im Notfalle mit in die Reihen treten und die Waffen führen konnte.

War der Feldweibel der Vermittler zwischen den höheren Offizieren und den gemeinen Landsknechten, so waren die von den Landsknechten selbst — in der Regel auf einen Monat — gewählten zwei Gemeinweibel, die doppelten Sold erhielten,

Gemeinweibel mit Hellebarde aus dem Anfang des XVI. Jahrhunderts.
Nach Federzeichnung aus A. Dürers Schule.

gewissermaßen die Vertrauensmänner der Gemeinde. Sie hatten die Gebrechen und Mängel, über welche sich die Landsknechte beschwerten, dem Hauptmann zu melden, aber unberechtigte Beschwerden mit gütlicher Vorstellung abzuweisen. Außerdem hatten sie die Ziehordnung zu machen, bei der Besetzung der Wachen dem Feldweibel zu helfen, Pulver und Blei an die Schützen zu verteilen und den vom Proviantmeister empfangenen Proviant unter die Rottmeister auszugeben. Sie mußten sich möglichst in der Nähe des Hauptmanns oder des Fähndrichs aufhalten, um sofort bei der Hand zu sein, wenn ihnen ein Befehl erteilt werden sollte. Mit Rücksicht darauf, daß sie viel zu besorgen und oft hin- und herzulaufen hatten, wobei sie die langen Spieße gehindert hätten, trugen sie nur kurze Wehr, als Hellebarden und Schlachtschwerter.

Gleichfalls von der Landsknechtsgemeinde auf einen Monat gewählte und doppelt besoldete **Führer** standen den Gemeinweibeln im Range gleich und vertraten dieselben im Notfalle in ihren Verrichtungen. Ihre Hauptaufgabe aber war es, vor der Ordnung herzuziehen und die Wege zu erforschen und anzugeben, welche das Heer zu nehmen hatte.

Der **Fourier** zog mit dem Quartiermeister dem Heere voraus und empfing von diesem die Zettel, auf welchen die Quartiere der Einzelnen angegeben waren. Auch er wurde von der Gemeinde allmonatlich gewählt und erhielt Doppelsold.

In jedem Fähnlein war endlich ein **Feldscher**, der als Arzt und Wundarzt für die leibliche Gesundheit des Fähnleins sorgen sollte. Ihn setzte der Hauptmann ein und er erhielt Doppelsold. Damit man ihn leicht fände, wurde er in der Regel bei dem Fähndrich einquartiert. Leider nahmen die Hauptleute häufig statt eines tüchtigen erfahrenen Arztes irgend einen verlaufenen Bader oder Barbier zum großen Schaden der armen Kranken und Verwundeten als Feldscher an, wenn nicht seitens des Obristen darauf besonders geachtet wurde.

Für die Seelen sollte in jedem Fähnlein der gleichfalls vom Hauptmann ernannte **Kaplan** sorgen, der in der Regel auch nur Doppelsold empfing. Der wackere Fronsperger klagt — allerdings schon zur Zeit des Verfalls — darüber, daß christliche, geschickte und ehrbare Männer selten unter den Kaplänen gefunden würden; sie wären nicht besser, wie ihre Pfarrkinder. Des Kaplans Amt war, täglich oder wöchentlich einigemal morgens einen Trommelschläger umschlagen zu lassen, um anzuzeigen, daß sie sich bei des Hauptmanns Zelt zur Predigt versammelten, und den Landsknechten das Wort Gottes mit allen Treuen zu verkünden. Vor der Schlacht hatte er die Landsknechte auf den Tod vorzubereiten und ihren Mut anzufeuern, in und nach derselben den Verwundeten und Sterbenden Trost zu spenden.

Besser besoldet, als diese beiden, war der **Schreiber**, der dreifachen Sold erhielt. Er hatte zuerst als Musterschreiber bei der Anwerbung und Musterung des Fähnleins zu dienen, und später die ziemlich komplizierten Register zu führen, auch dem Hauptmanne mit Schreiben, Lesen, Rechnen und sonst mit dienstlichen Pflichten gefällig zu sein. Da nach seinen Listen der Sold ausgezahlt wurde, so war es geboten, für dieses Amt besonders zuverlässige Männer zu wählen.

33

Kaplan.
Nach Joft Amman im Kriegsbuche.

 Doppelfold erhielten die **Trabanten**, welche mit ihren Hellebarden die Beamten zu begleiten hatten, denen sie ihre Dienste leisteten. Sämmtliche höhere Beamte hatten einige solcher Trabanten bei sich, die nur dann in die „Ordnung" traten, wenn auch ihre Herrschaft in der Ordnung stand.

 In jedem Fähnlein waren je zwei **Spiele**, die immer aus Trommler und Pfeifer bestanden. Sie wurden, wie erwähnt, vom Fähndrich bestellt und hatten sich, wenn das Fähnlein im Quartier oder im Lager war, in der Nähe des Fähndrichs aufzuhalten; auf dem Marsche aber blieb nur ein Spiel bei der Fahne, das andere aber zog vorn an der Spitze bei den Schützen oder den langen Spießen. Da die Trommelschläger oft auch die Befehle auszurufen hatten, oder auch wohl mit Botschaften an die Feinde geschickt wurden, so mußten sie helle, d. h. kräftige Stimmen haben. Die Trommeln waren von bedeutender Größe, und wurden an Riemen an der linken Seite getragen; die Pfeifen waren sogenannte Querpfeifen aus Holz von

3

34

ziemlich erheblicher Länge und dienten auch wohl zur Begleitung der von den Landsknechten gesungenen Lieder. Wie die Fähndriche, pflegten auch die Spielleute sich durch besonders auffällige phantastische Tracht hervorzuthun. Ein Bild von ihnen giebt Jost Amman im Patent umzuschlagen. (S. 12.)

Kaiserlicher Herold.
Nach Hans Holbeins Federzeichnung im königl. Kupferstichkabinet zu Dresden.

Waren mehrere Regimenter vereinigt, so hatte der oberste Feldherr wohl einen Herold, der im großen Feldlager seine Befehle verkündete und den Feinden Ankündigungen überbrachte. Dieser hatte über seinem gewöhnlichen Kleide ein seidenes Gewand mit eingesticktem Wappen des Kriegsherrn und trug ein weißes Stäbchen in der Hand. Vor ihm ritt gewöhnlich ein Trompeter, um das Zeichen zum Stillschweigen zu geben.

An der Spitze der Rotten standen die von den Rotten selbst gewählten Rottmeister. Sie hatten vor den andern nichts voraus, als die Aussicht, wenn sie mit ihrer Rotte in ein Haus einquartiert wurden, ein etwa überflüssiges Bett zu erhalten. Der Name des Rottmeisters wurde dem Schreiber mitgeteilt, der Feldweibel, Fourier 2c. verständigte, das für die Rotte Bestimmte ihm mitzuteilen, da er alles, was seine Rotte anging, zu vertreten und auszurichten hatte.

Für außergewöhnliche Fälle gab es noch ein Ehrenamt unter den gemeinen Landsknechten, das der Ambosaten (Ambassati) oder Abgesandten. Sie pflegten, wenn die Beschwerde bei den Gemeinweibeln nutzlos gewesen und eine Verständigung mit Feldweibel oder Hauptmann nicht zu erzielen war, oder auch, wenn ein ernster Anlaß zu allgemeinen Beschwerden vorlag, an den Obristen des Regiments oder gar an den Generalobristen geschickt zu werden, um diesem selbst die Beschwerde des gemeinen Mannes vorzutragen. Sie erhielten keinen höheren Sold; aber ihr Sold wurde ihnen auch für die Zeit fortgezahlt, wo sie etwa im Auftrage des Obristen nach auswärts gesandt wurden, um Abhilfe zu verlangen oder zu schaffen. Solche Sendungen an die Herrschaft gehörten nicht zu den seltenen Vorkommnissen.

Endlich bestanden unter den „ehrlichen und frommen" Landsknechten, die kein militärisches Amt bekleideten, noch mancherlei Unterschiede, je nachdem sie mit Pickelhaube oder Helm, Ringkragen, Brust- und Rückenharnisch, Panzerärmeln, Schienen und Eisenschurz, Schwert, Hellebarde oder langem Spieße vollständig gerüstet, oder auch mit guten Hakenbüchsen nebst Zubehör (Kraut und Lot = Pulver und Blei) versehen, in das erste Blatt aufgenommen wurden, in dem meistenteils Adelige, Patriziersöhne und Männer aus angesehenen bürgerlichen Familien standen, oder mit mangelhafterer Ausrüstung dem zweiten Blatte zugeschrieben wurden. Die ersteren, deren Zahl im Fähnlein nicht unter hundert betragen sollte, erhielten doppelten oder anderthalbfachen Sold und hießen Doppelsöldner und Übersöldner, die andern bekamen den einfachen Sold von monatlich vier Gulden, der bei dem damaligen Geldwerte verlockend genug war.

Schultheiß mit Trabanten.
Nach Jost Amman im Kriegsbuche.

4.
Der Landsknechte Gerichtswesen.

Bei der Aufrichtung des Regiments war es üblich, sofort eine Verständigung wegen des Rechtsverfahrens herbeizuführen, das unter dem Kriegerhaufen gelten sollte. War auch der Schultheiß (Justizamtmann), den der Obrist erwählte, in der Regel ein frommer und ehrbarer Mann in reifen Jahren, des bürgerlichen, wie des peinlichen Rechts wohl kundig und meist auch schon in früheren Kriegen als Hauptmann bewährt, so daß von ihm ein gerechtes Urteil wohl zu erwarten stand, so wurzelte doch in den Herzen der Männer, welche in ihrem bürgerlichen Gemeinwesen, wie in ihren Zünften an die eigene Mitwirkung beim Rechtfinden und Rechtsprechen gewöhnt waren, die Anhänglichkeit an die gewohnte Rechtspflege so fest, daß sie auch in ihrer Kriegergenossenschaft Rechtsformen feststellten, welche für alle peinlichen Fälle der Kriegergemeinde oder ihren Geschworenen die Beteiligung an der Rechtsprechung sicherten, und auch in den Händeln über Mein und Dein, wie überhaupt in allen bürgerlichen Rechtsstreitigkeiten die Mitwirkung von Gerichtsleuten (Schöffen) vorschrieben.

Welchen hohen Wert man in den Kreisen der Krieger diesen Rechtsformen beilegte, beweist schon der Umstand, daß L. Fronsperger in seinem Kriegsbuche mit der Darstellung der „Gerichtsordnung, unter den Landsknechten zu führen und zu halten" das erste Buch beginnt.

„Erstlich und anfänglich", schreibt er, „wo ein Herr ein Regiment aufrichten will, so soll der oberste Feldhauptmann unter einem Regiment Fußknechte besonders nach einem Kriegsmanne trachten, der geschickt und des Kriegsrechts erfahren sei; denselbigen mag er zu einem Schultheißen machen und ihm den Stab überliefern". Der Schultheiß hatte bei Uebernahme des Stabes zu schwören, daß er, niemand zulieb oder zuleid, dem Armen, wie dem Reichen nach göttlichem Rechte ein Urteil sprechen lassen werde. Seine erste Aufgabe war sodann die Auswahl von 12 Gerichtsleuten, die er in der Regel aus den Doppelsöldnern und zwar möglichst aus zwölf verschiedenen Fähnlein erkor. Sie alle hatten in die Hand des Obristen den Eid abzulegen, daß sie ohne Ansehen der Person jedermann Recht sprechen und das gefällte Urteil vollziehen lassen wollten. Ferner bestellte er einen Gerichtsschreiber, der die gefaßten Urteile aufzuzeichnen hatte. Dieser mußte schwören, nicht zu viel und nicht zu wenig, sondern was als recht erkannt sei, niederzuschreiben. Endlich hatte noch der Gerichtsweibel den Eid zu leisten, jeden rechtzeitig vorzuladen, damit keiner im Recht in Versäumnis komme. Die Pflichten der dem Schultheiß untergebenen Beamten, wie die Gebühren, welche dem Schultheißen zu entrichten wären, wurden genau festgestellt und bekannt gemacht. So durfte z. B. kein Gerichtsmann das Lager ohne Erlaubnis des Schultheißen verlassen, oder zu spät zum Gericht kommen, keiner, nachdem das Verfahren eröffnet war, aufstehen oder dem andern in die Rede fallen, alles bei Strafe eines Guldens. Dem Gerichtsweibel lag es ob, die Verklagten vorzuladen, und während der Gerichtssitzung die Parteien vorzufordern und abtreten zu lassen. Sämtliche genannte Beamte gehörten zum „Staat" des Schultheißen und empfingen in dieser Eigenschaft Besoldungszuschüsse.

In allen Fällen, wo es sich nicht um Leibes- und Lebensstrafen handelte, entschied der Schultheiß unter Zuziehung von Gerichtsleuten nach herkömmlichem Recht ohne viele Förmlichkeiten.

Ganz anders aber gestaltete sich die Sache, wenn in einem Regimente, das sich nicht das Recht der langen Spieße ausbedungen hatte, ein peinliches Vergehen zur Verhandlung kam, also Malefizgericht gehalten wurde.

Malefizgericht.
Nach Jost Amman im Kriegsbuche.

Dann wurden auf einer freien Stätte des Lagers Schranken errichtet, in denen der Stuhl des Schultheißen und der Tisch des Gerichtsschreibers, sowie Bänke für die Hauptleute, Fähndriche und Feldweibel als Beisitzer und für die Gerichtsleute im Viereck aufgestellt wurden. Um die Schranken fanden die Landsknechte Platz, die dort einen Ring bildeten. Sobald auf Geheiß des Gerichtsweibels der Schultheiß und die Gerichtsleute sich niedergelassen hatten, ebenso die Beisitzer, alle bedeckten Hauptes und das Schwert an der Seite, bot der Schultheiß allen einen „guten Tag!" und sprach: „Wohlgeborene, edle, gestrenge, ehrenhafte, vorsichtige und weise, gnädige, günstige Herrn und Richter, als Hauptleute, Fähndriche, Feldweibel, Führer, Gerichtsleute und alle die, so zu diesem Recht erfordert und beschieden sind, ich sitze hier auf Befehl und im Namen des durchlauchtigsten, großmächtigsten Fürsten und Herrn, auch von wegen unseres gnädigen Herrn und Obristen über das Regiment, auch im Namen meiner Gewalt und meines Stabs als von hoher Obrigkeit verordneter

Schultheiß und Stabhalter: so bin ich nun schuldig und pflichtig zu euch allen und ihr samt mir einen Eid zu schwören mit aufgehobenen Fingern zu Gott dem Allmächtigen, daß wir wollen rechtsprechen und urteilen auf Klage und Antwort, mit Rede und Widerrede und Verhörung der Zeugen, dem Armen, wie dem Reichen, dem Reichen, wie dem Armen, niemand zu Lieb oder zu Leid, weder aus Neid oder Haß, Gunst, Freundschaft, Feindschaft, Gevatterschaft, weder um Miete noch um Gabe, auch nichts ansehen, womit die göttliche Wahrheit gehindert und das Unrecht gefördert würde, sondern allein richten und Urteil sprechen, wie wir von Gott dem Allmächtigen am jüngsten Tage begehren gerichtet zu werden, und daß wir solches gegen Gott und vor der Welt mit gutem Gewissen und Ehren verantworten mögen, so will ich euch zuerst verlesen lassen aus unserm Artikelbriefe, darauf wir unserm allergnädigsten Herrn geschworen haben, was zum kaiserlichen Gerichte gehört, damit ein jeder seinem Gewissen nach das beste Recht sprechen und urteilen möge. Nachmals will ich euch verlesen lassen die Artikel und Gerichtsordnung unseres Rechtes, auch weiter den Inhalt des Eides, darauf wir schwören sollen und wollen, und wenn euch solches alles vorgelesen ist, und ihr es genügend verstanden und vernommen habt, alsdann will ich mit euch aufstehen und solchen Eid euch mündlich aufgeben und mitschwören, daß wir demselbigen stet und recht nachkommen, derhalben merket auf und höret zu!" Nach Verlesung des Artikelbriefes, der Gerichtsordnung und des Eides standen die Richter auf, hoben zwei Finger und gelobten, dem Vorgelesenen „stet und fest, treu und ohne alles Gefähr nachzukommen." Nach altem Brauche erließ nun der Schultheiß die Umfrage, zuerst ob er auch zu rechter bequemlicher Tageszeit zu Gerichte sitze, und ob der Tag an und für sich nicht zu früh oder zu spät, zu heilig oder zu schlecht sei, daß er möge aufheben den Stab der Gerechtigkeit und möge richten und urteilen über Leib, Ehre und Gut, Fleisch und Blut, Geld und Geldes Wert, und über alles das, was heute durch den geschworenen Gerichtsweibel vorgebracht wird. Nachdem dies von einem der Richter unter fast wörtlicher Wiederholung der Formel bejaht war, erging die zweite Frage, ob das kaiserliche Gericht ausreichend mit Richtern besetzt und ob unter den Richtern keiner sei, der nicht ehrlich oder „mit beleumdeten Sachen beladen" sei, mit der Aufforderung den anzuzeigen, der etwa unberechtigt als Richter sitze." Nach Bezeugung der Vollzähligkeit des Gerichtes und Abgabe der Erklärung, daß alle Teilnehmer als fromme, ehrliche und aufrichtige Kriegsleute bekannt seien, wurden noch eine Reihe von Fragen erledigt, die sich auf das Verhalten des Schultheißen und des Gerichtes bei Kriegslärm Feuer- und Wassersnot, plötzlicher Leibesschwäche, Ausbruch eines Gewitters ꝛc. bezogen. War die Umfrage beendet, so erhob sich der Schultheiß und sprach: „Dieweil denn durch die Richter mit einhelliger Umfrage alles erkannt ist, was zum kaiserlichen Gerichte gebührt, so merket auf, so will ich das Recht im Namen Gottes verbannen." Er „verbannte" nun das Recht im Namen Gottes, des Kaisers, des Obristen und von wegen seiner Gewalt, daß ihm keiner während der Gerichtsverhandlung einreden, auch keiner einem Richter heimlich zusprechen oder die Richter ungebührlich umstehen dürfe, auch daß dem Profoßen eine Gasse gelassen werde, damit er mit den Gefangenen frei und ungehindert zu und von dem Gericht passieren könne. Er forderte nun die, welche vor diesem kaiserlichen Gerichte zu schaffen hätten, auf, es zu thun. Der Profoß trat vor und bat um die Erlaubnis, sich einen Fürsprech (Anwalt) zu wählen, was ihm ebenso wie dem Angeklagten gestattet wurde, den der Profoß hatte vorführen lassen. Die Anwälte wählten sich dann wohl noch je zwei Räte, mit denen sie die Sache besprachen. Nachdem der Vertreter des Profoßen die Anklage vorgebracht und den Strafantrag gestellt, auch der Gerichtsschreiber die auf den Fall bezüglichen Artikel des Artikelbriefes verlesen hatte, verhandelte der Fürsprech des Angeklagten mit diesem und seinen Räten und beantragte dann wohl Vertagung der Verhandlung auf den künftigen Gerichtstag, die ihm nicht abgeschlagen werden konnte, da Aufschub auf Kundschaft und Zeugenbewerbung nach kaiserlichem Rechte gestattet war. Noch ein zweites Mal konnte der Angeklagte eine Rechtsfrist nachsuchen, war aber spätestens am dritten Gerichtstage auf Schuldig erkannt, so drang der Fürsprech des Profoßen auf Erfüllung des Urteils. Der Schultheiß forderte ihn auf, den Richtern das Urteil vorzuschlagen, dieser weigerte sich, da er der Sache allein nicht verständig und weise genug sei und bat den Schultheißen, die Umstehenden zurücktreten zu lassen, damit er sich mit ihm und den Richtern ungehört besprechen könne. Die Richter rückten nun auf den Bänken dicht an den Schultheißen heran und einigten sich über das Urteil, das von dem Gerichtsschreiber aufgezeichnet wurde. Auf eine nochmalige Frage des Schultheißen an den Fürsprech des Anklägers beantragte dieser die Verlesung des Urteils.

In L. Fronspergers Kriegsbuche ist uns das Gerichtsverfahren gegen Heinz Lenz von Bentz geschildert, der in trunkenem Mute auf der Wache einen seiner Genossen zum Balgen (Zweikampf) herausgefordert und den gebotenen Frieden durch einen hinterlistigen Angriff verletzt hatte. Nach dem Artikelbriefe wurden Betrunkene gestraft, als ob sie die That in nüchternem Zustande begangen hätten und ohne Gnade sollte an Leib und Leben bestraft werden, wer bei aufgeführter und besetzter Wache sich gebalgt, sowie der, welcher, nachdem Friede gelobt war, einen andern geschlagen hätte.

Unter diesen Umständen konnte das Urteil nur auf den Tod lauten. Es bestimmte, daß der Angeklagte durch den Profoß dem Nachrichter überantwortet werden sollte. „Der soll ihn führen auf den freien Platz, da am meisten Volk beieinander ist, und ihm seinen Leib mit dem Schwerte entzwei schlagen, daß der Leib das größere und der Kopf das kleinere Teil sei". Mit den Worten: „Gnade Gott der armen Seele und gebe ihm nach diesem Leben eine fröhliche Auferstehung!" brach der Schultheiß den Stab entzwei und ließ durch den Profoß den Verurteilten dem Freimann übergeben, der ihn nach dem Hochgerichte führte. War aber kein solches in der Nähe, so ließ der Profoß den Gefangenen nach einem freien Platze führen, dort einen Ring bilden und sprach zu den Umstehenden: „Liebe Landsknechte, seht diesen armen Mann an, der sich durch den Wein hat überwinden laſſen, weshalb er so gebunden, gefangen genommen und gerichtet werden muß. Darum hüte ſich jeder von euch; ihr seht, daß keinem etwas geschenkt oder nachgelaſſen wird". Nach dieser ernſten Ansprache ließ er durch den Nachrichter den Gefangenen im Ringe herumführen, damit er Abschied von den Genoſſen nähme und sie um Verzeihung bäte. Hierauf wurde er von dem Geiſtlichen auf den Tod vorbereitet, kniete nieder und der Nachrichter vollzog seine traurige Pflicht. Für ein ehrliches Begräbnis sorgte der Profoß.

Hinrichtung.
Nach Joſt Amman im Kriegsbuche.

Bisweilen wurde das Verfahren durch das Schuldbekenntnis des Angeklagten vereinfacht, aber auch durch umständliche Zeugenvernehmungen verlängert und erschwert. Den letzteren ging eine sehr eindringliche Vermahnung vor Meineid voran und die Zeugenaussagen wurden aufgeschrieben und in der Gerichtslade aufbewahrt, zu der drei Richter jeder einen Schlüssel hatten. Es kam auch vor, daß der Schultheiß mündlich das Urteil sprach. Dem Verurteilten war gestattet, ein Gnadengesuch einzureichen. Außer auf Hinrichtung durch das Schwert wurde wohl auch auf den Strang erkannt und dann das Urtheil am nächsten Baume vollzogen, oder — namentlich wegen Verrats — zur Vierteilung oder zum Rädern. Bisweilen wurde der Angeklagte „zu einem Schelmen" erkannt, das ist, für infam erklärt; dann führte ihn der Nachrichter auf den freien Platz, hieb ihm die zwei vordersten Finger ab und verbot ihm bei Verlust seines Lebens sein Lebtag weder in Feld, Städten, Flecken, Märkten, Dörfern, zu Wasser oder zu Lande sich sehen zu lassen, wo fromme ehrliche Landsknechte stehen, gehen oder ihr Wesen haben. Die harten, zum teil grausamen Strafen erklären sich aus der Härte des damaligen Strafrechts, wie aus der Notwendigkeit, in diesen Kriegerhaufen die größte Strenge zu zeigen.

Neben dieser Form des Rechts gab es noch eine andere aus den alten deutschen Genossenschaftsgerichten hervorgegangene, das Recht der langen Spieße, von dem sich in dem barbarischen Spießrutenlaufen lange ein Überbleibsel im deutschen Heerwesen gehalten hat. Das „Recht der langen Spieße" oder „mit den langen Spießen", nach Wahl der Genossenschaft dem Regimente bei der Errichtung zugesichert und beschworen, machte die gemeinen Landsknechte selbst zu Richtern und Strafvollstreckern. War es vom Fürsten bewilligt, so ließ der Obrist eine ordentliche Gemeinde berufen und zeigte in dieser den Landsknechten an, „daß sich jeder vor Schaden hüten wolle, denn es müsse je einer des andern Strafe sein".

Nachdem sodann der Artikelbrief verlesen war, damit jeder wüßte, was Rechtens wäre, ließ der Obrist ein Mehr machen, d. i. durch Mehrheit festsetzen, daß das Recht gelten sollte, und dann die Landsknechte darauf vereidigen, daß sie Zuwiderhandlungen gegen die Artikel durch drei Räte richten und ein gerechtes Urteil fällen wollten.

War nun ein Pflichtvergessener gefänglich durch den Profoßen eingezogen, so suchte der Profoß, der dann das Verfahren an Stelle des Schultheißen leitete, die Genehmigung des Obristen zur Berufung einer Gemeinde „an einem nüchternen Morgen" nach. Dem Angeklagten, wie der Gemeinde, wurde davon rechtzeitig Mitteilung gemacht.

War die Gemeinde zusammen und der Ring gebildet, so ließ der Profoß den Gefangenen in den Ring führen und redete die Landsknechte an: „Einen guten Morgen, liebe ehrliche Landsknechte, edel und unedel, wie uns denn Gott zu einander gebracht und versammelt hat! Ihr wisset alle, wie wir anfänglich geschworen haben, daß wir wollen gut Regiment führen und halten, dem Armen, wie dem Reichen, und dem Reichen, wie dem Armen, allen Ungehorsam an denen zu strafen, die wider unser Regiment thun und eidbrüchig werden. Darauf, ihr lieben Landsknechte, begehre ich auf heutigen Tag ein Mehr, daß ihr mir helft solch Übel zu strafen, daß wir es auch bei andern Fürsten und Herren verantworten können". Der

Feldweibel ließ nun im Auftrage des Profoßen ein Mehr machen und durch Handerheben feststellen, ob die Gemeinen damit einverstanden wären. Das weitere Verfahren glich zunächst dem bei dem Malefizgerichte der Geschworenen. Auch hier wurden Fürsprech und Räte ernannt, von des Profoßen Fürsprech wurde die Anklage erhoben und, wenn von dem des Angeklagten Widerspruch erhoben wurde, erfolgte die Verlesung der Zeugenaussagen. War nach dreimaligem Abtreten der Parteien die Klage als begründet erwiesen, so wickelten die Fähndriche ihre Fahnen zusammen und steckten sie mit der Eisenspitze in die Erde. Einer von den Fähndrichen wandte

Fürsprech und Räte.
Nach Jost Amman im Kriegsbuche.

sich dann an die Landsknechte mit folgender Ansprache: „Liebe ehrliche Landsknechte, ihr habt des Profoßen schwere Klage wohl vernommen, die er über den Hansen geführt hat. Darum thun wir unsere Fahnen zu und kehren sie alle mit dem Eisen in die Erde und wollen sie nimmer fliegen lassen, bis über diese Anklage ein Urteil ergeht, auf daß unser Regiment ehrlich sei. Wir bitten euch auch alle insgemein, ihr wollet im Rate unparteiisch sein und ein Urteil fällen, so weit euer Verstand ausreicht. Wenn das geschieht, so wollen wir unsere Fähnlein wieder lassen fliegen in aller Maß und Gestalt, wie zuvor und bei euch thun, wie ehrlichen Fähndrichen zusteht".

Hierauf rief der Feldweibel einen Landsknecht in den Ring, und forderte ihn auf, ein Urteil abzugeben. Der aber wendete sich an seine Genossen mit folgenden Worten: „Liebe Landsknechte, ich bin hier auf meinen Eid um einen Rat gefragt worden, aber ich bin der Sache allein nicht verständig genug. Darum begehre ich gute ehrliche Kriegsleute zu mir in meinen Rat im Ring und aus dem Ring, die Befehl haben, edel und unedel, soviel als vierzig Mann. Mit denen will ich aus dem Ringe an einen Ort gehen und bei ihnen Rat suchen treulich und ungefährlich, soviel unser Verstand ausweist."

Nachdem die Vierzig eine Zeit lang abseits beraten hatten, traten sie wieder in den Ring und ihr Sprecher teilte nun mit, was sie geratschlagt hätten, mit dem Hinzufügen, daß sie, wenn ihnen ihr Vorschlag nicht gefiele, von dem ihren auf einen anderen Rat fallen möchten.

Man berief nun einen zweiten Rat unter denselben Formen, dann einen dritten und ließ endlich nach vorhergegangenem Umschlag mit der Trommel die Abstimmung durch die Landsknechtgemeinde vornehmen. Der Angeklagte fiel dann wohl auf die Knie nieder und bat die Genossen um ein gnädiges Urteil.

Sobald das Urteil ergangen war, traten die Fähndriche wieder in den Ring, bedankten sich bei den Landsknechten, daß sie so bereit gewesen seien, gut Regiment zu stärken und zu halten, und so ehrlich und ehrenhaft, zogen ihre Fahnen aus der Erde, warfen sie in die Höhe, ließen sie fliegen und zogen mit ihnen nach Osten und ließen eine Gasse bilden.

Während das geschah, ließ der Profoß den armen Mann — wie der Angeklagte genannt wurde — beichten und führte ihn dann in die Gasse. Er ließ nun unter dreimaligem Trommelschlag verkünden, daß die Gasse wohl geschlossen werden müsse, denn, in wessen Lücke der Verurteilte aus der Gasse ausbreche, der müsse in seine Fußstapfen treten.

Hierauf führte der Profoß den Gefangenen dreimal in der Gasse auf und ab, damit er von allen sich verabschiede und Verzeihung erbitte und zusichere. Auch die Fähndriche traten heran, redeten dem armen Manne zu, sich tapfer und unverzagt zu benehmen, und versprachen ihm, daß sie ihm auf halbem Wege entgegenkommen und ihn erledigen würden. Und von neuem ertönte die Trommel. Der Profoß ließ umschlagen, daß keiner bei der nun folgenden Exekution alten Neid oder Schaden rächen solle. Die Landsknechte ließen nun die Spieße nieder, die Fähndriche stellten sich am Ende der Gasse, die Spitze der Fahne dem Verurteilten entgegengestreckt, auf und der Profoß schloß den armen Mann aus den Eisen, in die man ihn nach Beendigung des Gerichtsverfahrens wieder gelegt hatte. Erst bat der Profoß, dann sein Fürsprech den zum Tode Verurteilten um Verzeihung, mit dem Bemerken, was er gethan habe, habe er um des Regiments willen thun müssen; hierauf stellte der Profoß den armen Mann vor sich, gab ihm drei Streiche im Namen des Vaters, des Sohnes und des heiligen Geistes auf die rechte Achsel, stellte ihn vor die Gasse und hieß ihn durch dieselbe laufen.

Recht der langen Spieße.
Nach Jost Amman im Kriegsbuche.

Und nun stürzte sich der dem Tode Geweihte in die ihm entgegenstarrenden Spieße seiner Genossen; je unverzagter er vorwärts drang, um so schneller war sein letzter Gang beendigt und sank er nun, aus zahlreichen Wunden blutend, nieder und hauchte seinen Atem aus, so kniete die Gemeinde der Landsknechte, die eben das Rächeramt geübt hatte, nieder und betete inbrünstig für die Seele des Gestorbenen. In Reih und Glied aufgestellt, zogen die Landsknechte nun dreimal um den Leichnam des von ihnen Gerichteten, dreimal schossen die Schützen ihre Büchsen über ihm ab im Namen der heiligen Dreifaltigkeit, dann wurde wieder ein Ring gebildet.

In diesen trat der Profoß, bedankte sich bei dem hellen Haufen, daß sie so ehrlich gutes Regiment zu führen und halten geholfen hätten, knüpfte daran die ernste Mahnung, daß sich jeder des andern Strafe zum Beispiel nehmen möge, und wiederholte die erst dem Verurteilten gegebene Versicherung, daß er lediglich um des guten Regiments willen die Exekution habe vollziehen lassen.

Diese Versicherung war nicht überflüssig, denn bei den herrschenden Anschauungen war die Möglichkeit nicht ausgeschlossen, daß ein Freund des Gerichteten die Verpflichtung fühlte, den Tod desselben zu rächen. Der Profoß that deshalb nur, was zu seiner eigenen Sicherheit nötig war, wenn er betonte, daß er lediglich als Beamter, ohne jede persönliche Rücksicht, gegen den Angeklagten vorgegangen sei.

Auch seitens des Schultheißen pflegte bei der Entlassung des Regiments ein ähnlicher Hinweis zu erfolgen. Nachdem der Obrist, die Hauptleute, Fähndriche rc. sich von den Landsknechten verabschiedet und ihnen für ihre Thätigkeit gedankt hatten — der Ausdruck „Abdanken" ist von diesem Gebrauche hergeleitet — trat der Schultheiß in den Ring und teilte der Gemeinde mit, wo er seinen Aufenthalt nehmen würde, damit jedermann in der Lage wäre, sich durch Einsicht in die Acten zu überzeugen, daß alle Rechtsformen bei den gefällten Urteilen beobachtet seien.

5.

Von der Landsknechte Bewaffnung und Kampfweise.

Der angeworbene Landsknecht mußte alles, was ihn zum Krieger machte, mit in das Regiment bringen, Blechhaube oder in späterer Zeit Hut und Wams, Brustharnisch und Schuhe, Schwert und Spieß oder Hellebarde, oder auch einen sogenannten Zweihänder, ein gewaltiges Schlachtschwert, das mit beiden Händen angefaßt und geschwungen wurde, oder eine Hakenbüchse. Wie in der Kleidung die größte Mannigfaltigkeit herrschte, Form und Farbe des Wamses, der Brustkleider und der Schuhe, Größe und Gestalt der Kopfbedeckung jedem Einzelnen überlassen blieb, so boten auch die Waffen der Landsknechte die mannigfaltigste Abwechselung und mit den von einem Regimente geführten Waffen hätte sich oft mit leichter Mühe ein interessantes Zeughaus ausstatten lassen. Auch das trug dazu bei, das Bild eines Fähnleins Landsknechte überaus malerisch zu gestalten.

Anderseits machte diese Ungleichheit der Bewaffnung ein kunstgerechtes Einexerzieren oder Drillen der Landsknechte fast unmöglich und es verging denn in der That mehr als ein Jahrhundert, ehe das „Drillen" der Krieger üblich wurde, das dann unmittelbar vor dem dreißigjährigen Kriege seinen Höhepunkt erreichte, so daß Johann Jacob von Wallhausen, der Stadt Danzig Obrist, in seiner mit schönen Bildern verzierten „Kriegskunst zu Fuß und zu Pferde" hundertunddreiundvierzig Tempos für die Musketiere und einundzwanzig für die Spießträger verzeichnete — eine Pedanterie, die den Landsknechten zu Maximilians Zeiten ebenso lächerlich vorgekommen wäre, wie sie einem heute ausgebildeten Soldaten erscheinen muß.

Im engsten Zusammenhang mit dem Mangel an individueller Ausbildung der einzelnen Krieger stand nun die Gewohnheit der deutschen Landsknechtsheere, in Massenangriffen und Massenabwehr ihre Stärke zu suchen. In offenem Felde mit gedrängtem Spieß- oder Hellebardenwalde auf den Feind einzudringen oder in fest geschlossenen Gliedern gegen Schanzen oder Befestigungen stürmend anzulaufen, das galt den Landsknechten als ihre höchste Berufsaufgabe, und für unüberwindlich hielt man lange Zeit die gevierte Ordnung, in der die Fähnlein oder in großen Schlachten ganze Regimenter aufgestellt zu werden pflegten. Selbstverständlich war jedoch die Aufstellung der Landsknechtregimenter, welche zuweilen aus zehntausend Mann bestanden, durch die Natur des Kampfplatzes, wie durch die besondern Verhältnisse bedingt und deshalb von großer Mannigfaltigkeit.

Bei der gevierten Ordnung ging in der Regel dem Gros des Regiments „die Blutfahne" voraus, eine kleine Schaar von Männern, die freiwillig oder durch das Loos bestimmt die Aufgabe hatten, den ersten Anlauf auf die Feinde zu machen oder den ersten Ansturm der Gegner auszuhalten.

Zweihänder.
Aus Poten, Handwörterbuch der Militärwissenschaften.

L. Fronsperger hat auch dem Amt und Befehl der „Läufer" einen besondern Abschnitt gewidmet, aus dem wir ersehen, daß die Bestimmung der Läufer meist in der Weise erfolgte, daß die Rottmeister in den einzelnen Rotten durch Würfelspiel entscheiden ließen, wer verpflichtet sei, sich dem verlorenen Haufen beizugesellen, der seinen eigenen Hauptmann, Fähndrich rc. hatte. Der „verlorene Haufe" wurde diese Schaar genannt, „Läufer" hießen die deutschen Landsknechte die Einzelnen, die von den Franzosen als „enfants perdus" bezeichnet wurden. Oft genug waren sie in der

That verloren, sei es nun, daß sie als „Katzbalger" bei dem Versuche durch schräge Hiebe mit dem Zweihänder auf die feindlichen Spieße Lücken in dem Speerwalde der Feinde zu verursachen, gleich anfangs niedergestoßen oder bei unglücklicher Wendung des Kampfes ihrem Geschick überlassen wurden. Bisweilen wurden diesem „verlorenen Haufen" Landsknechte eingereiht, welche ihr Leben nach den strengen Bestimmungen des Artikelbriefs verwirkt hatten und denen der Obrist gestattete, sich selbst einen ehrlichen Tod im Kampfe zu suchen oder durch todesmutiges Kämpfen ihre frühere Schuld zu sühnen.

Vor der gevierten Ordnung war auch noch wenigstens in der ersten Zeit der Platz für den Obristen und die Hauptleute des Regiments. Erst später machte sich die Ansicht geltend, daß der oberste Befehlshaber, von dessen Leitung die ganze Entscheidung und oft das Wohl und Wehe des ganzen Regiments abhing, hinter den Gliedern und nicht vor denselben in gefährdeter Stellung seinen Platz zu wählen habe — aber von Georg von Frundsberg und seinen Zeitgenossen wird uns berichtet, daß sie ihren Heeren voranschritten oder voranritten.

Vor der gevierten Ordnung war auch, ehe die eigentliche Schlacht begann, der Tummelplatz für einzelne besonders kampflustige und durch Körperstärke oder Geschicklichkeit in der Waffenführung ausgezeichnete Krieger, namentlich auch für adelige Helden, die hier eine willkommene Gelegenheit fanden, die Heldenthaten der Ritterzeit angesichts einer Zuschauerschaft wieder aufleben zu lassen, die ebenso sachverständig, als zur Anerkennung geneigt war. Waren auch viele Ritter, sobald es sich um einen ritterlichen Kampf außerhalb des Gebietes des Hergebrachten handelte, trotzig zurückhaltend und mit Äußerungen, wie: „Wir sind nicht gekommen, um zu Fuß zu fechten", oder: „Sollen wir unser edles Blut gegen Bauern wagen?" übermäßig freigebig, so fehlte es doch auch zu keiner Zeit an wackern Edelleuten, die, den homerischen Helden nachahmend, die Tapfersten der Feinde herausforderten, mit ihnen den Einzelkampf zu bestehen, oder den Herausforderern unerschrocken entgegentraten. So schritten, ehe die Schlacht bei Ravenna begann, Fabian von Schlaberndorf, der riesigste Mann in Europa, und Johannes Spät von Pflumern, die Häupter mit grünen Kränzen geschmückt, aus dem Gliede und forderten zwei Spanier zum Einzelkampfe heraus. Sie fanden zwei Gegner, die sich ihnen stellten, aber ehe es noch zum Kampfe zwischen dem ersten Paare kam, stürzte Spät von einer Kugel zum Tode getroffen nieder; der riesige Schlaberndorf aber tötete seinen Feind, doch nur um sich sofort auf das vorderste Glied der Spanier zu stürzen und mit Aufopferung seines eigenen Lebens seinen Genossen Bahn in die Reihen der Feinde zu brechen. Nur dem Verräter versagten sich deutsche Landsknechte zum Zweikampf — wie denn in der Schlacht bei Pavia die Herausforderung, welche Georg Langenmantel aus Augsburg aus der in französischem Solde kämpfenden schwarzen Schaar (Bande noire) den Führern der Deutschen, Georg von Frundsberg und Marx Sittich, zurief, mit Schmähworten erwidert wurden. Tobende Stimmen riefen Frundsberg und Sittich zu, der Verräter am Vaterlande sei es nicht wert, mit ihnen den Einzelkampf zu bestehen, und mehrere Kugeln streckten den Verwegenen nieder, der es gewagt hatte, die Ehre des Zweikampfes für sich in Anspruch zu nehmen, obwohl er im Solde des Feindes kämpfte.

Die gevierte Ordnung wurde in der Weise hergestellt, daß so viele Reihen oder Rotten hintereinander aufgestellt wurden, als in der ersten Reihe Krieger standen, so daß also ein regelmäßiges Viereck gebildet wurde. Die vorderste dem Feinde zugewandte Linie des sogenannten Igels bestand aus drei Gliedern der am besten gerüsteten Landsknechte mit langen Spießen, in ungerader Zahl, um für die eingelegten Wehren der Hintermänner Lücken zu lassen. Es folgten dann mit Hakenbüchsen bewaffnete Doppelsöldner, die allerdings späterhin in besondern Haufen an die Seiten des Vierecks, auch wohl hinten und vorn „angehenkt" zu werden pflegten, oder ein „Blatt" mit Hellebarden oder Zweihändern bewaffnet, das die vordersten drei Fahnen umgab; wieder starrte ein Wald von Spießen, in dessen Mitte die Träger kurzer Wehren, der Hellebarden und Schwerter, vier Fahnen umgaben, und hinter diesen stand, die hintersten drei Fahnen umgebend, von Trägern langer Spieße vorn und hinten eingefaßt, der Rest der kurzen Wehren. Die hinterste Reihe bildeten wieder eine oder einige Reihen der tüchtigsten und zuverlässigsten Doppelsöldner, welche, wie die Hauptleute, die Aufgabe hatten, Zaghafte vorwärts zu treiben und etwaige Versuche zu fliehen durch Niederstoßen der Feiglinge zu verhindern.

Der so in geschlossenem Viereck undurchdringlich in einander verschränkte „helle Haufen" bewegte sich, sobald das Heer vorwärts ging, in wuchtigem Sturmschritte vorwärts, je drei Tritte auf fünf deutlich markierende Schläge der Trommel machend, zu welchen der Landsknechtswitz den Trommelreim „Hüt dich, Baur, ich komm!" gemacht hatte. Man rühmte diesem Fünftact nach, daß er das Gemüt zur Kühnheit stimme und die Leibeskraft erhalte.

Ehe es aber zum Vorwärtsmarsche kam, hielt meist einer der Führer eine kurze Anrede an die Krieger, die er als „liebe Brüder und Landsknechte" begrüßte, und forderte sie auf, ihrer Kraft und Mannheit eingedenk zu sein und ihrem Vaterlande Ehre zu machen, auch auf keinen andern, als auf sich selbst zu rechnen. Die Ansprache schloß wohl mit dem namens Aller von dem obersten Führer abgelegten Gelübde, zu Ehren Gottes einen Tag bei Wasser und Brod zu fasten, wenn Gott ihnen den Sieg verleihen würde. L. Fronsperger erzählt freilich auch von Ansprachen andern Inhalts. „Liebe Gesellen, liebe Knechte — lautet die eine — seid frisch und getrost; wir wollen, so Gott will, heute Ehre einlegen und reich werden." Aber diese Rede bezeichnet er ausdrücklich als „heidnische Weise".

Unverbrüchlich beobachteten die deutschen Landsknechte die Sitte, ehe sie in die Schlacht gingen, auf die Knie niederzufallen, ein kurzes Gebet zu verrichten und auch wohl ein geistliches Lied anzustimmen — eine Sitte, welche der italienische Geschichtschreiber P. Jovius mit der Furcht der Deutschen vor den feindlichen Kanonenkugeln zu erklären versucht hat. War das Gebet beendet, so warfen nach alter Sitte sämmtliche Krieger mit hohler Hand aufgenommenen Staub oder Erdschollen hinter sich oder schüttelten sich den Staub von den Schuhen und Wämsern. Damit weihten sie sich, indem sie sich sinnbildlich alles Jrdischen entledigten, dem Schlachtengeschicke. Hatte das Heer die Absicht, den Feind nicht anzugreifen, sondern den Angriff zu erwarten, so wurde ein „Jgel" gebildet. Entweder in kreisrunder oder in gevierter Aufstellung nahm die Mannschaft des „hellen Haufens" die Schützen, sowie die nur mit kurzer Wehr bewaffneten Knechte in das Innere des Vierecks oder Kreises auf, indem sie die Spieße fällte und nach allen Seiten Front machte. Das vorderste Glied kniete dabei gewöhnlich nieder, hielt die Spitze des Spießes in Brusthöhe der anstürmenden Pferde, indem es das Spießende gegen den Erdboden stemmte, und streckte überdies den Angreifern auch noch das Schwert entgegen. Jn der modernen Kriegskunst ist das Carrée ein Rest jenes „Jgels".

L. Fronsperger giebt in seinem Kriegsbuche auch eine Anweisung für eine Schlachtordnung, die wir ihrer Originalität wegen im wesentlichen mitteilen. Darnach soll der Feldherr anfangs ergründen, ob der Feind mächtiger, wohlgelegner d. h. günstiger aufgestellt, besser gerüstet, in der Gefahr unverzagter, zu Roß oder zu Fuß stärker oder mannhaftiger, mit leichter oder schwerer Rüstung fertiger, mit Platz, Sonne oder Mond, Luft, Zeit und andern dergleichen Vorteilen und Gegenwehren bereiter, klüger und trutzlicher oder zaghafter bewehrt sei; damit er jedem seinen eigenen Vorteil entgegenstelle und erkennen möge, wie und was zu thun und zu lassen sei. Zum zweiten soll er darauf halten, daß er von den feindlichen Reisigen und Fußknechten vor der Schlacht einige gefangen nehme, durch welche er seines Feindes Anschläge erkunde, damit er ihnen klüglich zuvorkomme oder sie abwende, darob der Feind nicht wenig erschrecken werde. Die Gefangenen, welche weibisch weinen und um Gnade bitten, soll er den Landsknechten zeigen mit dem Hinweis darauf: mit welch' nichtigem und unmännlichem Feinde sie sich zu schlagen hätten; den Frechen aber soll er behende erwürgen, es wäre denn, daß er etliche der Seinen mit ihm auslösen könnte. Zum dritten soll er einen mittelmäßigen verlorenen Haufen auslesen oder die freiwilligen Knechte zum Angriff mit Handrohren an der Seite so behenken, daß sie ihren Flügel vorwärts an die Spitze schwenken und im Schwenken abschießen und an der anderen Seite zum Laden hinter den Haufen abweichen. Ebenso sollen auch die reisigen Schützen thun. Zum vierten soll er die anderen Haufen so ordnen, daß die weniger gut bewaffneten an die Höhe eines Hügels und die Schwerbewaffneten in die Ebene gestellt werden, auch soll er die schwächsten dem linken Flügel des Feindes gegenüber stellen. Zum fünften soll er jede Ordnung nicht zu dünn ausdehnen, noch zu dicht zusammenstellen, damit sie nicht leicht durchbrochen, noch eingeschlossen wird. Zum sechsten soll er eine jede Ordnung vor dem Winde und dem Sonnenscheine geschützt aufstellen und die Knechte zum Angriff mit Steinen, Staub, Sand und Hagelgeschütz versehen und mit allem, was die Augen blenden mag. Zum siebenten soll er mit der leichten Reiterei bis an des Feindes Ordnung einen großen dicken Staub machen und hinter ihnen einen wohlgeordneten Haufen in des Feindes Rücken schwenken und ihn angreifen lassen oder auch mit den andern Haufen vom Angriff zurückweichen und einen bestellen, der in die getrennt nachrückenden Feinde einbricht, bis er selbst sich mit den weichenden Haufen wenden und die Feinde angreifen kann. Zum achten verstecke er auf beiden Seiten einige Reisige und Fußknechte samt einigen Troßleuten, daß sie zu Roß und Fuß an einem recht sichtbaren Orte, etwa über einen Hügel herab, bei seinem Vorrücken nicht weit vom Feinde ihm zufallen und den Seinen tröstlich zusprechen, als käme ihnen Hülfe. Das werde die Seinen stärken und den Feind entmutigen, besonders wenn sie sich geschwind gegen den Feind wenden und sich tapfer auf ihn werfen. Zum neunten soll er Schlachtschwerter, Hellebarden und dergleichen kurze Wehren zu Schwertschlagen verordnen, wenn die Heere so nahe auf einander rücken, daß die langen Wehren nicht mehr zu gebrauchen sind. Zum zehnten soll er mit Stricken oder Seilen einen Verschlag wie für das Wild herrichten, damit er in erdichteter oder erzwungener Flucht die nacheilenden unbedachten Feinde wie in eine Fischreuse treiben mag. Zum elften soll er einige mit des Feindes Kleidung, Zeichen und Sprache zu den Feinden schicken, die an den Orten, wo der feindliche Obrist nicht ist, schreien, ihr Obrist sei mit einigen Hauptleuten erstochen. Zum zwölften soll er eine feste Nachhut halten, damit sich die Flüchtigen hinter ihr sammeln, auch Schwache erquicken und stärken können. Zum dreizehnten soll er einige Rotten auserlesen, aus welchen seine Befehlshaber im Notfall Ersatz für die Müden und Verwundeten nehmen können. Zum vierzehnten soll er öffentlich ausrufen vor dem Haufen und gebieten, daß den, welcher weichen würde, der Nächststehende töten soll; auch daß keiner einen gefangen nehme oder auch nur eines Hellers Wert plündere bei Verlust des Gutes, der Ehre, des Leibes und des Lebens, ehe nicht der Feind gänzlich geschlagen und besieget sei, und daß die Nachhut darauf halten und sehen und alle, die dabei ergriffen werden, erstechen soll! Zum fünfzehnten soll er auch etliche ritterliche Männer bestellen, die mit quer vorgehaltenen Spießen unter der anlaufenden Feinde Spieße springen und sie überhoch treiben, damit die vordersten Glieder an dem Stechen gehindert und die Seinen zum Stechen in Vorteil gebracht werden. Fronsperger bemerkt übrigens, da jede Schlachtordnung nach Zeit und Ort und Art des Feindes sich richten muß, könne man sie nicht wohl in bestimmte Regeln bringen, es sei vielmehr notwendig, daß die Führer eines Heeres nicht allein darum erwählt werden, daß sie adelig, reich, aus berühmtem und mächtigem Geschlechte, von zahlreicher Verwandtschaft, tüchtige Trinker und Raufbolde, groß und stark, als Kriegsleute in hohen Ämtern gebraucht und von fremden Herren reich besoldet worden sind, sondern — wenn auch arm — doch fromme, aufrichtige, kluge, weise, unverzagte, unerschrockene, treue und standhafte Männer sind und geschwind, klug und siegreich gehandelt, ihrem Herrn Ehre und Ruhm erstritten, Gottesdienst und Gottesfurcht gepflegt, Land und Leute beschirmet und Gericht und Recht Freunden und Feinden gefördert haben. „Solche Männer, meint er, haben dann die Kugel in der Faust, können sie auch allein selbst werfen und andere werfen lehren".

Da die deutschen Landsknechtsheere aus Männern der verschiedenen deutschen Stämme zusammengesetzt waren und die bürgerliche Zerrissenheit Deutschlands in jener Zeit schon weit fortgeschritten war, so fehlte es den Landsknechten an einem nationalen Schlachtrufe, einer allgemeinen Schlachtlosung, wie sie Spanier und Franzosen hatten. In manchen Kämpfen hörte man wohl von den Deutschen den heiligen Georg, den Drachentöter, anrufen, der als das Vorbild eines tapfern Kriegers galt, wie die Schweizer den St. Ursus anriefen, meist aber erscholl nur vor dem Sturmangriffe auf offenem Felde ein kräftiges und herausforderndes: „Her! Her!" den Feinden entgegen, das den Gegnern die Bereitschaft zu kämpfen kundgeben sollte. Das „Her! Her!" das soviel heißen sollte, als „Kommt heran, wenn ihr es wagt! Wir sind kampffertig!" hatte, wie Barthold bemerkt, immer mehr Sinn, als das asiatisch barbarische Hurrah, welches die mitteleuropäischen Heere der Neuzeit von den Kriegsvölkern des Ostens entlehnt haben.

Nach diesen Vorbereitungen begann der Kampf, der in weitaus den meisten Fällen zum Handgemenge wurde. Wer mit Niederlegung der Waffen sich ergab, fand, wenn man sich unter den Kriegführenden über den „guten Krieg" verständigt hatte, Gnade und standesgemäße Behandlung; war aber, wie das namentlich in den Kämpfen vorkam, in denen Schweizer und Deutsche sich einander gegenüber standen, „der böse Krieg" ausgerufen, so wurden alle in die Gewalt der Feinde Gefallenen erbarmungslos getötet.

Gegen das Ende des sechzehnten Jahrhunderts artete der „gute Krieg" aus. Wenn feindliche Heeresabteilungen von ungleicher Stärke sich begegneten, zählte man sich gegenseitig ab und die schwächere ergab sich ohne Widerspruch der stärkeren. Dabei wurde allerdings unnützes Blutvergießen vermieden, aber der Krieg selbst nahm dabei einen so wenig ernsthaften Charakter an, daß er zum reinen Schachspiele wurde.

Vornehme Gefangene gehörten dem an, dem sie zuerst ein Pfand gegeben hatten. Man hütete sie sorgfältig, bis sie ein Lösegeld gezahlt oder Bürgschaft gestellt hatten, und es wurde mit großer Strenge darauf gehalten, daß einem Feinde, dem ritterliches Gefängnis zugesagt war, das gegebene Versprechen treu gehalten wurde. Dagegen wäre die Aufbewahrung der gemeinen Landsknechte, die ein Lösegeld nicht zahlen konnten, zu umständlich gewesen. Man entließ sie deshalb gewöhnlich gegen „Verstrickung", d. h. gegen das Versprechen, innerhalb einer gewissen Zeit dem Kriegsherrn, in dessen Dienst sie gestanden hatten, nicht zu dienen, — eine Zusage, gegen deren Wirkung der Artikelbrief schützte, welcher im voraus einen solchen Eid für nicht bindend erklärte. Hatten sich die Knechte „liederlich" ergeben, so gab man ihnen wohl einen weißen Stecken mit auf den Weg, um sie als Vagabunden und Bettler zu kennzeichnen.

Kampf der Landsknechte.
Nach Jost Amman im Kriegsbuche.

Das Gesagte gilt nur von dem eigentlichen Landsknechtsheere, dem Fußvolke, neben dem jedes größere Heer noch Reiterei und seit der Schlacht bei Ravenna im Jahre 1512 auch Artillerie enthielt. Die erstere erschien noch lange Zeit in ritterlicher Rüstung mit Helm mit Visier, Halsberg, Leibharnisch, Schulterstücken, Armschienen, Eisenschurz, Beinschienen, Knieblättern und Eisenhandschuhen auf eisengepanzertem Rosse und führte außer der eschenen mit Fähnchen geschmückten Streitlanze Schlachtschwert oder Streitaxt am Sattel und an der Hüfte den „Misericorde" genannten Dolch, mit dem man dem Feinde den Gnadenstoß versetzte. Doch seit der letzte Connetable (der Titel ist aus Comes stabuli = Marschall entstanden) von Frankreich in der Schlacht bei Pontcarra 1591 ganz allein mit dem Degen einem savoyischen Hauptmann entgegenritt, um seine Behauptung zu erweisen: „Nichts ist leichter, als einen Lanzenstoß zu parieren!" und den Feind, dessen Lanze parierend, mit einem Stiche tödtete, kam die Lanze in Verachtung. Doch gestattete sich der berühmte

Kriegsfürst Wallenstein noch im dreißigjährigen Kriege den Luxus einer berittenen Leibwache mit Lanzen, deren Befehlshaber Oktavio Piccolomini war. Die Behauptung der adelsstolzen französischen Reiter, daß ihre Scharen, mit der unvergleichbaren Kraft deutschen Fußvolks vereint, unbesieglich seien, läßt übrigens keinen Zweifel darüber, daß es mit der militärischen Bedeutung der Reiterei in der Hauptsache vorüber war.

Reisige.
Nach Jost Amman im Kriegsbuche.

Dagegen kam bereits unter Maximilian I. die Artillerie oder Arkeley in der Kriegführung, auch in offener Feldschlacht zur Geltung. Max, der Schöpfer der Landsknechte, hat auch die neue Kunst der Arkeley erdacht und geübt und selbst Geschütze gegossen und gebohrt, wie er denn auch Meisterschüsse zu erfinden eifrig bemüht war.

Sein Beispiel fand lebhafte Nachahmung bei den ausgezeichnetsten Landsknechtsführern, Georg von Frundsberg und Franz von Sickingen, wie bei den Fürsten, und schon in Karls V. erster Regierungszeit führte man lange Züge von Kanonen mit geübten Mannschaften mit in den Krieg, von der hundert Centner schweren, eine hundertpfündige Eisenkugel schleudernden Scharfmetze, zu deren Ausrüstung hundert und dreiundsechzig Pferde gehörten, dem siebzigpfündige Kugeln schleudernden Basilisken, der fünfzig Centner schweren und fünfzigpfündige Eisenkugeln schießenden Nachtigall und der Singerin herab, bis zu den fünfzehnpfündige Eisenkugeln schießenden Notschlangen und den zwanzigpfündige Steinkugeln werfenden achtspännigen Geschützen, die mit den Namen Wilder Mann, Bauer, Sau, Ochs oder Affe belegt wurden, den mit drei Pferden bespannten fünf Pfund Eisen schießenden Halbschlangen oder Falkonen und den noch leichteren Falconets und Scharfentinlen. Auch Fußartilleristen gab es, welche große Musqueten oder Hakenbüchsen führten, die ihres unbehülflichen Apparats wegen einem Böller ähnlicher waren, als unsern heutigen Gewehren. Dieser Geschützzug bildete bald eine besondere Abteilung des Heeres und in ähnlicher Weise, wie das Fußvolk und die Reiterei, hatte auch die „Artollerie" oder Arteley ihre Stufenleiter von Ämtern und Befehlen, ihren Profoß und ihren Troß. Natürlich ging die Ausbildung der Artillerie nur sehr allmählich vorwärts und so

Beschießung und Bestürmung einer Stadt.
Nach Jost Amman im Kriegsbuche.

dürfen wir uns denn nicht wundern, daß lange Zeit hindurch die mit solchem Aufwande von Menschen und Pferden in den Krieg geführten Geschütze meist nur im Beginn der Schlacht Verwendung fanden, indem sie gewissermaßen das Vorspiel zur Schlacht mit ihrem Donner veranstalteten. Bei mangelhafter Fertigkeit in der Bedienung der Geschütze schwieg in der Regel dieser Donner bald und nicht selten wurden die gewöhnlich vor der Ordnung aufgestellten Kanonen von den Feinden im Sturm genommen, weshalb es bald üblich wurde, das beste Fußvolk zum Schutze des kostbaren Geschützes aufzustellen. Bei dieser Art der Verwendung konnte selbstverständlich die Artillerie nicht die Bedeutung in der Feldschlacht erlangen, die sie in der heutigen Kriegsführung hat. Dafür war sie von um so größerer Wichtigkeit bei der Beschießung der Burgen oder Städte.

Zur Zeit Karls V. gab es in den Heeren auch einen besonderen Brandmeister, der das Sengen und Brennen in den angegriffenen oder eroberten Ortschaften zu

Brandmeister.
Nach Jost Amman im Kriegsbuche.

besorgen hatte. Ihm war eine Abteilung von Brandknechten beigegeben. Ohne besondere Erlaubnis seines Vorgesetzten durfte der Brandmeister nirgendwo brennen oder brandschatzen, es wäre denn, daß er den Auftrag erhalten hätte, durch Feindesland zu streifen und dem Feinde durch Niederbrennen von einzelnen Gebäuden oder Ortschaften möglichst Abbruch zu thun.

Von ihm dichtet Leonhard Fronsperger:

Ich bin zu Feld der Brandmeister.
Wann der Feind hält die Gegenwehr,
Daß es schwerlich ist zu g'winnen,
So greif ich'n dann an mit Brennen
Auf Befehl der obersten Herrn.
Alsdann brenn ich nahe und fern
Mit mei'm zugeordneten Mann.
Was aber Huldigung will thun,
Gebrandschatzt wird, die laß ich bleib'n
Und gegen sie den Brand vermeid'n.

Weder ich, noch von meinetweg'n
Niemand mit Brennen niederleg'n,
Sondern bei der Brandschatzung lon (lassen)
Bleiben, wie ich geschworen hon (habe)
Und den Artikelsbrief vermeld't.
Weiter hab ich sonst in dem Feld
Nichtzit (Nichts) zu thun, denn daß ich soll
Meine Brandknecht' verhüten wohl,
Daß sie sich Brennens nicht anmaß'n,
Bis uns der Obrist thut zulaß'n.

6.
Rühmliche Kriegsthaten der Landsknechte.

Ursprünglich hatte Maximilian I. die Landsknechte geschaffen, um sie in dem burgundischen Kriege zu verwenden, den er zur Behauptung der burgundischen Erbschaft zu führen hatte. Der Gedanke, daß deutsche Landsknechte in fremden Diensten kämpfen würden, hatte dem Schöpfer des Landsknechtswesens gewiß fern gelegen.

Die Verfassung des deutschen Reichs gestattete aber den deutschen Edlen, sich selbst in den Dienst fremder Fürsten zu stellen und Streitgenossen für den Dienst im Auslande zu werben, so lange von dem Reichsoberhaupte kein Verbot ergangen war. Nun bedurften aber vor allem die französischen Ritter der deutschen Landsknechte, so oft die geldgierigen Schweizer, die sie seit dem Tage von St. Jacob zuerst mit Vorliebe in ihren Dienst nahmen, sich ihnen versagten. Und dieser Gegensatz der deutschen Landsknechte gegen die Schweizer war ja gewissermaßen schon bei der Schöpfung der Landsknechte vorgesehen, da sie die oberländischen Knechte zum Unterschied von schweizerischen Gebirgsknechten genannt wurden.

Bei der wechselnden Verwendung der Schweizer und Landsknechte gegeneinander, dem Handwerksneide Beider, und der schon längst vorhandenen nationalen Abneigung der Schwaben und der Schweizer konnte es nicht überraschen, daß sich zwischen ihnen ein heftiger Haß entzündete, der zur Vernichtung einer der beiden Parteien führte, wo sie auf dem Schlachtfelde zusammentrafen. Die größere kriegerische Übung der Schweizer verschaffte ihnen in dem Schwabenkriege Maximilians I. das Übergewicht und der Kaiser mußte sich entschließen, in dem Frieden vom 22. September 1499 die Unabhängigkeit der Schweiz vom Reiche anzuerkennen, insofern den Eidgenossen die Bezahlung der Reichssteuer und die Anerkennung des Reichskammergerichts nachgelassen wurde — ein Zugeständnis, das zur förmlichen Lostrennung der Schweiz vom Reiche führte. In den Kämpfen um Mailand, in denen zuerst deutsches Fußvolk mit Bewilligung des Reichs den Franzosen beistand, schwankte die Wage, mit der Schlacht bei Marignano war der Ruf der Unbesiegbarkeit der Schweizer gebrochen und durch die Schlacht bei Bicocca in der Nähe von Mailand 1522 und die Schlacht bei Pavia 1525 ward der Ruhm der deutschen Landsknechte fest begründet.

Schon 1496 hatte ein Landsknechtsobrist Hederlin, den der Kaiser nach dem Abzuge des Königs Karl VIII. von Frankreich aus Neapel nach Unteritalien geschickt hatte, im Kampfe mit französischen Hommesd'armes mit seiner Truppe einen glänzenden Beweis deutscher Tapferkeit abgelegt. Als die Franzosen auf Manfredonia zogen, um sich der einträglichen Zölle der Halbinsel zu bemächtigen, stießen sie auf ein von Hederlin selbst geführtes Fähnlein Landsknechte, welches auf dem Marsche war, um sich mit einem größeren Haufen in Luceria zu vereinigen. Obwohl sich Hederlin einem an Zahl überlegenen Reiterheere gegenübersah, ließ er sich nicht einen Augenblick beunruhigen. Die Landsknechte bildeten in gewohnter Weise den Igel, wehrten die Anstürmenden mit Hakenbüchsen und langen Spießen ab und setzten ihren Weg fort. Darüber erzürnt, ließ der Anführer der Feinde, Camillo Vitelli, sie von vier Schwadronen verfolgen und mit unaufhörlichen Büchsen- und Armbrustschüssen beunruhigen. Da öffnete sich plötzlich der Igel, zweihundert Hakenschützen sprangen vor und warfen sich mit solchem Ungestüm auf die Reiter, daß selbst der Kern derselben ins Wanken kam. Aber inzwischen waren andere Reiterscharen herbeigeeilt, das Häuflein der Landsknechte lichtete sich mehr und mehr und aus zahlreichen Wunden blutend sank Hederlin zu Boden. Bald hatten die Hakenschützen ihr Pulver und Blei verschossen, aber unerschrocken rückten die Landsknechte weiter vor. Endlich gelangten sie an das abschüssige Ufer eines Flüßchens und nun mußten sich die bis dahin fest geschlossenen Glieder trennen und die Leiche ihres wackern Führers zurücklassen, die sie auf einem Pferde bis dorthin mit sich geführt hatten. Trotz des unvermeidlichen Todes dachte niemand an Ergebung. Von den Rittern, die Camillo Vitelli hatte absitzen lassen, am jähen Ufer erwartet, fielen sie als Helden und die letzten fanden ihr Grab in den blutgeröteten Wellen des Bergstroms.

Als sich später der Kaiser mit den Königen von Frankreich und Spanien und dem Papste Julius in der Liga von Cambray gegen die stolze Republik Venedig verbündete, welche Italiens schönste Städte, kaiserliche, wie päpstliche, eingenommen hatte, kämpften deutsche Landsknechte an der Seite der Franzosen, die freilich damals noch wenig geneigt waren, ihre Tüchtigkeit anzuerkennen. Namentlich fühlten sich die französischen Ritter durch die Zumutung des Kaisers Maximilian verletzt, daß sie mit den deutschen Fußknechten gemeinsam einen Sturm auf eine Bastei von Padua unternehmen sollten.

Damals äußerte der französische „Ritter ohne Furcht und Tadel", Chevalier Bayard, nach Verlesung des kaiserlichen Schreibens, die er zähnestochernd mit angehört hatte, zum Marschall de la Palice: „Weil es eine verdrießliche Kurzweil für einen Kürassier ist, zu Fuße auf die Bresche loszugehen, so will ich mich gern entschuldigen. Der Kaiser verlangt in seinem Schreiben, daß ihr alle französische von Adel absitzen und mit seinen Landsknechten den Sturm zu Fuß unternehmen sollt. Soviel mich betrifft, so bin ich, wenn ich auch wenig Vermögen habe, doch ein Edelmann. Ihr andern, gnädige Herren, seid große Herren aus vornehmen Häusern, so viel Kuraßritter wir sind. Denkt denn der Kaiser, daß es billig sei, so vielen Adel in solche Gefahr mit den Fußknechten zu wagen, deren einer ein Schuster, der andere ein Hufschmied, der dritte ein Bäcker ist und andere Handwerksleute, die alle nicht in so hohen Ehren stehen, wie die von Adel? Das heißt denn doch, mit seiner gnädigen Erlaubnis, uns ein wenig gar zu gering geachtet. Meine Meinung ist daher, daß ihr, Monseigneur, dem Kaiser diese Antwort zukommen laßt: Ihr hättet nach seinem Wunsche eure Hauptleute zusammenberufen, die seine Befehle nach dem von dem Könige, ihrem Herrn, erhaltenen Auftrage auszurichten großes Bedenken trügen, da wohl bekannt sei, daß ihr Herr der König in seinen Ordonnanzen*) niemand anders als Edelleute hätte. Wollte man dieselben unter die Fußknechte, die von geringerem Stande wären, mengen, so würde man sie allzu verächtlich halten. Da er aber viele Grafen, Herren und deutschen Adel bei sich hätte, so dürfte er selbige nur mit den französischen Kürassieren absitzen lassen, so wollten wir ihnen gern den Weg weisen und seine Landsknechte mögen folgen, wenn er es für gut befindet." Der Geschichtsschreiber des Ritters erzählt, daß gegen diese Auslassungen nichts eingewendet, sondern sein Rat für brav und billig erklärt sei. Aber was würde aus den französischen Rittern geworden sein, wenn sie nicht in den Schlachten von Ravenna und Marignano die deutschen „Hufschmiede, Bäcker und andern Handwerksleute" zur Unterstützung gehabt hätten?

Unmutig über den Dünkel der französischen Ritterschaft, ließ Max damals von Padua ab und kehrte nach Deutschland heim, aber er ließ Albrecht von Brandenburg, den letzten Hochmeister des Deutschherrnordens, in Italien zurück und unter ihm als Obristen über ein Regiment Fußknechte Georg von Frundsberg, der 1511, als Papst Julius sich mit den Venetianern ausgesöhnt hatte, um mit ihnen einen Bund zur

---

*) Die Ordonnanzen (compagnies d'ordonnance) waren die 1445 in Frankreich von Karl VII. gebildeten fünfzehn Rittercompagnien, in die ausschließlich Adlige aufgenommen wurden.

Vertreibung der Fremden zu schließen, mit tausend Knechten zum französischen Heere stieß, dem schon Jakob von Ems mehr als zweitausend Landsknechte zugeführt hatte. Damals zwang Frundsberg die für uneinnehmbar gehaltene Burg Beitelstein zur Übergabe, obwohl er nur achtzehnhundert Landsknechte gegen neuntausend wohlgerüstete Venetianer führen konnte. Bald darauf erging an Frundsberg der Befehl, aus der Mark Treviso heimzukehren. Als dann Gaston de Foix, der ritterliche liebenswürdige Herzog von Nemours, an der Spitze des französischen Heeres seine kurze Siegeslaufbahn begann, war es vorzugsweise der deutsche Landsknechtsführer Jacob von Ems, der vor Bologna und Brescia sich hervorthat. Deutsche Landsknechte stürmten das Kloster St. Fridiano bei Brescia, hinter dessen Bollwerk sich eine große Zahl Landvolks gelagert hatte, um den Zugang zum Schlosse zu verteidigen, wo die französische Besatzung der Ankunft des Herzogs harrte, und als dann von dem Schlosse aus die Erstürmung der Stadt unternommen wurde, waren es sechshundert deutsche Landsknechte, allen voran der ebenso tapfere als riesige Sachse von Schlaberndorf, welche auf die erste Aufforderung des Herzogs sich unter das der Stadt zunächst gelegene Thor begaben, um im verlorenen Haufen zu stürmen. Diesmal fand sich Bayard mit einigen Genossen ein, um sich neben den deutschen Adligen in das erste Glied zu stellen. Ehe es zum Sturm kam, rief Gaston de Foix die deutschen Hauptleute zusammen, um die Gesinnung der Deutschen zu erforschen, von denen dreitausendfünfhundert den in gevierter Ordnung aufgestellten hellen Haufen bildeten. Sofort ließen die deutschen Obristen die Knechte einen Ring bilden und Philipp von Freiberg redete sie an: „Liebe Landsknechte und Brüder! die Franzosen haben beschlossen Brescia zu stürmen und hoffen es mit eurer Tapferkeit zu gewinnen. Deshalb ermahne ich euch, eurer alten Tapferkeit eingedenk zu sein und euch fest und standhaft daran zu machen. Der Herzog und alle Edelleute Frankreichs sind entschlossen, mit uns zu sterben oder zu siegen. Wer von euch desselben Sinnes ist, der hebe die Hand zum Zeichen auf; wer aber anderen Sinnes ist, der trete aus dem Ringe". Und alle Landsknechte hoben freudig die Hand und riefen einmütig: „Sterben oder die Stadt gewinnen!" und jeder schnitt sich mit dem Messer Kerben in den von langem Gebrauche geglätteten Spieß, um ihn um so fester fassen zu können. Durch zweihundert Gaskogner verstärkt, welche der Kapitän Mollard nach deutschem Vorbilde ausgebildet hatte, zog der verlorene Haufe nach der Stadt hinunter, in die er mit den aus einem Klostergehöfte vertriebenen Venetianern gemeinsam eindrang. Nach einer kurzen Schlacht auf den Straßen und Plätzen Brescias war die Stadt in den Händen der Sieger, denen Gaston bis zum andern Morgen jede Zügellosigkeit gestattete. Erst dann gebot er, da die Zahl der Erschlagenen bereits auf elftausend geschätzt wurde und auf den Straßen vor gehäuften Leichen kein Pferd mehr schreiten konnte, das Morden einzustellen. Reiche Beute wurde allen zu teil und der Ruf davon und die Hoffnung auf neue Beute und Siege lockten aus Deutschland viele neue Knechte herbei.

61

Die glänzenden Erfolge des französischen Prinzen hatten dem Kaiser Maximilian solche Besorgnis eingeflößt, daß er den Vorstellungen des Papstes und des Königs von Spanien Gehör gab und nach Abschluß eines Waffenstillstandes mit Venedig die deutschen Völker heimrief. Jacob von Ems, der die Anweisung, bei Verlust seiner Güter und seines Lebens nichts Feindliches gegen die Spanier zu unternehmen und sich sogleich von den Franzosen zu trennen, von dem Kaiserlichen Gesandten in Rom durch Vermittelung der Spanier erhielt, sagte sich, daß seine Entfernung unmittelbar vor der entscheidenden Schlacht die Niederlage der Franzosen, mit dessen von ihm verehrten Feldherrn er Sieg und Ehren geteilt hatte, unzweifelhaft machen würde, und beschloß in dem Zwiespalt der Ehre und des Gehorsams, noch einige Tage beim französischen Heere zu bleiben und den Befehl vor seinen Genossen geheim zu halten.

Die französischen Ritter Bayard und de la Palice, sowie der Prinz, denen er die Botschaft mitgeteilt hatte, bestärkten den schlichten Mann in seiner Absicht, indem sie seine Treue belobten und ihn beschworen, sie jetzt nicht zu verlassen, und er blieb.

Wenige Tage darauf kam es zur Schlacht bei Ravenna. Im Vordertreffen setzten die Deutschen unter des Herzogs von Ferrara Führung über eine in der Nacht über den Canal geschlagene Brücke, rückten in einzelnen Zügen, wie der dort schmale Paß es gestattete, gegen das spanische Fußvolk vor und nahmen auf dem rechten Flügel Stellung. Ein heftiger Geschützkampf begann und reihenweise wurden die deutschen Landsknechte von den Kanonenkugeln der Spanier niedergestreckt. Während im Reiterkampfe die Franzosen siegten, standen die Deutschen über zwei Stunden im Feuer, ohne daß ein Befehl zum Vorrücken kam. Schon lagen ihrer Tausend, darunter Philipp von Freiberg, zerstückt am Boden, da beschloß Jacob von Ems, ohne des Prinzen Gaston Geheiß an den Feind zu gehen. Beim Vorrücken über die Gräben fand der deutsche Führer den Tod. Er starb mit dem Rufe: „Der König hat uns wohlgethan. Haltet euch gut!" Wie schon oben erwähnt, forderten dann der riesige Schlaberndorf und Joh. Spät Spanier zum Zweikampfe heraus, in dem der Sachse seinen Feind erlegte, während Spät, von einer Kugel getroffen, niedersank. Kaum war der Zweikampf zu Ende, so stürzten sich die Deutschen auf die Spanier und der starke Schlaberndorf opferte sein Leben, um ihnen Bahn in den Igel der Feinde zu brechen. Mit Spießen, Hellebarden und Schwertern schlug man drein, so lange das Eisen hielt; als die Waffen unbrauchbar geworden waren, griffen manche mit Messern, aufgerafften Erdklößen und Steinen, ja mit den Zähnen einander an. Einem der Spanier, der sich niederduckend mit dem Dolche in der Rechten und die unbewehrte Seite der Landsknechte verwundend bis mitten in die Ordnung gedrungen war, schlug der Fähndrich Joh. Harder den Kopf ab, daß er in den Bausch der Fahne fiel, nach der des Spaniers Hand eben zu greifen wagte.

Zum Unglück für die Deutschen kamen die von den Feinden geschlagenen französischen Fußknechte herangelaufen, um bei den Deutschen Halt zu suchen, und zwangen diese, um ihres eigenen Heils willen Spieße und Hellebarden gegen sie zu richten, wenn sie nicht mit der Ordnung Sieg und Leben verlieren wollten. Das ängstliche Beginnen der Verbündeten machte auch die Fähnlein der Landsknechte bestürzt, die noch nicht die Gräben überschritten hatten. Da ertönte von hinten der Befehl: „Ihr Deutschen, zieht euch zurück!" doch die vordersten Haufen wichen keinen Fuß breit, entschlossen, zu siegen oder zu sterben. Sie wären der Übermacht erlegen, hätte nicht Gaston de Foir, der inzwischen alle Reiterscharen der heiligen Liga in die Flucht geschlagen hatte, ihnen Beistand geleistet, denn sein Erscheinen brachte den Sieg. Bei den eroberten Geschützen blieben die wackern Deutschen halten, nahmen ruhig die Lobsprüche der Franzosen entgegen und erwiderten die Aufforderung auch auf Beute auszugehen mit den Worten: „Wir haben hier um Lob und Ehre gefochten und kümmern uns um den Plunder nicht!" Während die Franzosen der Beute nachgingen, sanken sie nieder auf die Knie und priesen Gott für den Sieg, der bis dahin vorzugsweise mit deutschem Blute erkauft war. Der Sieger, der erst dreiundzwanzigjährige Prinz Gaston de Foir, fand bei der Verfolgung der Feinde seinen Tod, in seiner Jugendblüte und eines glänzenden Nachruhms gewiß; die Deutschen, die mit ihrer Tüchtigkeit ihm den Sieg errangen, hat außer dem Italiener Macchiavell kaum einer der Zeitgenossen anerkennend erwähnt.

Mit diesem Tage begann der Stern Frankreichs den Niedergang. Bald kam ein strenger Befehl des Kaisers selbst, daß alle Hauptleute, Fähndriche, Weibel und gemeinen Knechte von Stund an das französische Lager verlassen sollten. Alle bis auf 800 gehorchten. Die Zurückbleibenden büßten ihren Ungehorsam mit dem Tode, denn von Pavias Bürgern verraten, fielen sie nach dem Abzuge der Franzosen in die Hände der in päpstlichen Diensten kämpfenden Eidgenossen, welche alle bis auf den letzten Mann niedermachten. Als es zum letzten Kampfe kam, schüttelten die Deutschen den ersparten Sold aus dem Ärmel in. den Fluß; sie gönnten den verhaßten Schweizern die Beute nicht und wußten, daß sie unrettbar verloren waren.

Als im nächsten Jahre siebentausend Landsknechte unter den tüchtigsten Obristen im Auftrage des Kaisers über die Alpen zogen, stießen die Reste der Knechte, welche den Tag von Ravenna überlebt hatten, zu ihnen. Auch der geistvolle Ulrich von Hutten, der im vorigen Jahre in Pavia, wo er damals ruhig den Studien oblag, übel behandelt war, weil er irrtümlich für einen Landsknecht gehalten wurde, hatte sich diesmal einem Fähnlein angeschlossen.

Die politische Lage hatte sich wieder geändert. Maximilian war mit Ludwig XII. zerfallen und mit Frankreich hielten es nur die Venetianer, gegen die das Landsknechtsheer, nachdem es bei Padua mit bewaffnetem Landvolke hatte kämpfen müssen, vordrang. Mit Spaniern und Italienern vereint zogen sie vor Venedig bis zum Turme von Marghera und beschossen die Stadt, ohne etwas auszurichten.

Bald darauf sahen sich die Verbündeten dem venetianischen Heere gegenüber. Auch diesmal waren es nur die deutschen Landsknechte, welche das Heer der Verbündeten retteten, als der venetianische Capitano d'Alviano im Paß von Olmo

63

dasselbe so eingeschlossen hatte, daß er die vornehmen Herren aus Padua dazu einlud, Zeugen zu sein, wie er die Feinde auf der Schlachtbank halte, und sich prahlerisch rühmte, den Rest der barbarischen Bestien unter der Scheere zu hätten. Damals antwortete der wackere Georg von Frundsberg auf d'Alvianos schnödes Anerbieten, wenn Frundsberg mit seinen nackten Landsknechten die Waffen niederlegen wolle, so wolle er sie mit weißen Stäben aus dem Lande ziehen lassen, stolz und sicher: Er habe nackte Knaben; wenn sie aber einen Pokal Wein im Busen hätten, so seien sie ihm lieber, als die Venediger, die Harnische anhaben bis auf die Füße. Es stehe noch Alles zum Glück. Viel Feinde, viel Ehre. Er wolle lieber hier ehrlich umkommen, als schimpflich abziehen. Und als es am 7. October 1513 nun wirklich zum Kampfe kam, sahen die eingeladenen Paduaner statt der angekündigten Vernichtung der „barbarischen Bestien" die vollständigste Niederlage des venetianischen Heeres, dessen Führer d'Alviano nur mit Mühe, durch den Bacchiglione schwimmend, sein Leben rettete.

Diese Niederlage, in einem Jahre mit drei unglücklichen Schlachten der verbündeten Franzosen, brach den Mut der stolzen Venetianer und Georg von Frundsberg vollendete das begonnene Werk, indem er von Verona ausrückend das Gebiet bis nach Este und Rovigo eroberte und behauptete.

Nicht minder zeichneten sich die Deutschen aus, als die Venetianer und Franzosen Verona belagerten. Die Landsknechte, von denen man bisdahin nur wußte, daß sie im offenen Felde rühmlich zu streiten verständen, errangen damals die Ehre, bei spärlicher Kost, ohne Wein, sich gleich mannhaft in einer umlagerten Stadt zu halten. Tapfer verteidigten sie die Stadt, so daß Kaiser Maximilian, der mißmutig aus Italien heimgekehrt war, an Frundsberg schrieb, er werde sein starkmutiges Volk nicht verlassen. Leider war das bei dieser tapfern Verteidigung vergossene Blut umsonst geflossen, da der Vertrag des jungen Königs Karl von Spanien die acht Jahre von den Deutschen behauptete Festung ohne Schwertschlag den Venetianern überließ.

Eine der berühmtesten Waffenthaten war die Schlacht bei Bicocca, in der Nähe von Mailand, wo der Übermut der in französischen Diensten stehenden Schweizer gebrochen wurde. Die Schweizer, die seit einigen Wochen schlecht bezahlt waren, da der französische Feldherr aus Vorsicht die Kriegskasse in Arona am Lago maggiore zurückgelassen hatte, hatten schon wiederholt über das Ausbleiben des Soldes und die Verzögerung der Feldschlacht Klage geführt. Am Sonnabend nach Ostern 1522 verlangten ihre Ambosaten Löhnung oder Schlacht oder Entlassung in die Heimat. Als ihnen von dem französischen Feldherrn Lautrec die Unwahrscheinlichkeit des Sieges vorgestellt wurde, antworteten sie ihm mit prahlerischen Reden und selbst nach einer Besichtigung der feindlichen festen Stellung verharrten sie auf ihrem Verlangen. Am Sonntag Quasimodogeniti kam es zum Kampfe. Die Deutschen hatten sich am Rande eines Hohlweges in der Richtung nach Monza zu aufgestellt, neben ihnen Spanier und Italiener; vor der Ordnung waren Feldstücke aufgestellt und die Hakenschützen vor der Angriffsfront in drei Gliedern verteilt.

Da die Schweizer mit hochmütiger Verachtung des Feindes die Schlacht gefordert hatten, so erteilte ihnen Lautrec die gefährlichste Aufgabe. Achttausend von ihnen — fünfzehntausend waren ihrer im Ganzen, — sollten auf den Hohlweg anstürmen. Der tapfere Anne de Montmorency, ein bewährter Kriegsheld aus der Familie, deren Mitglieder sich die ältesten Barone der Christenheit nannten, stellte sich an ihre Spitze und freiwillig schloß sich ihm eine Anzahl französischer Edelleute an.

Noch vor Sonnenaufgang brachen die Schweizer, welche die Zeit nicht erwarten konnten, die Deutschen vernichtet zu sehen, auf und rückten eilig auf Bicocca los, während die französische Reiterei sich links um das Lager in der Richtung auf Mailand zog.

Als der helle Haufe der Schweizer, Albrecht vom Steine, Arnold von Winkelried, alle Hauptleute und Fähndriche im ersten Gliede, in einem geschützten Thalgrunde hielt, ritt der Feldherr noch einmal an sie heran und bat sie, mit dem Angriff zu warten, bis das Geschützfeuer gewirkt habe. Aber alle Vorstellungen waren vergeblich; die Tollkühnen beriefen sich auf ihren alten Brauch, gerade von vorn auf die feindlichen Stücke zu stürmen und forderten ungestüm den Sturm. In zwei Sturmhaufen rückten sie gegen den Feind vor, gewaltige Steine in den Händen.

Adam Reißner, der Biograph der Frundsberge, erzählt in seiner „Historia Herrn George und Herrn Casparn von Frundsberg" den Verlauf der Schlacht folgendermaßen:

„Als die Schweizer mit ihrer Ordnung auf den von Frundsberg herzunahten, hat er seinem Fußvolk tapfer zugesprochen, ist mit ihnen auf die Kniee gefallen und hat, wie allezeit sein Brauch war, Gott angerufen und um Sieg und Glück gebeten. Darnach hat er gesagt: „Wohlauf, zu guter Stunde, im Namen Gottes." Er war ein starker Mann von Leib, stand zu vorderst in der Landsknechte Schlachtordnung im ersten Gliede und neben ihm seine Hauptleute zu beiden Seiten. Auf der Höhe der Straße gegen ihn her kam Albrecht vom Stein, der Schweizer Obrist; der hatte den besten Kern von Hauptleuten und Fähndrichen in die ersten Glieder genommen, trat herab in den Weg; die Schweizer hinter ihm trugen alle Steine in den Händen, die sie gegen Frundsberg und seinen Haufen warfen. Und als sie des von Frundsberg Haufen, der mit niedergelassenen Spießen auf den Knieen lag, nicht sehen konnten, drangen sie so hart hernach, daß beide Haufen die langen Spieße nicht wohl brauchen konnten.

Arnold Winkelried, Albrechts vom Stein Locotenent (Lieutenant) der in der Besatzung von Verona gelegen und Kaiser Maximilian gedient hatte, sprach zu dem von Frundsberg, als er ihn mit seinem Haufen unversehens vor sich stehen sah und ihn erkannte: „Du alter Gesell, find ich Dich da? Du mußt von meiner Hand sterben". Der von Frundsberg hat ihm geantwortet: „Es soll Dir widerfahren, will's Gott!"

Hierauf haben sie mit langen Spießen zusammen gestochen. Der von Frundsberg, obwohl er Stich und Wunden in den Schenkeln empfangen, ist doch aufrecht geblieben, hat die Schweizer Albrecht vom Stein und seinen Locotenenten Arnold Winkelried, die große Pracht trieben, geschlagen, daß sie neben andern Schweizern tot blieben. Der von Frundsberg hat mit seinen Hauptleuten die ersten Glieder der Schweizer alle niedergestochen, die Victoria und den Sieg auf diese Stund erhalten, die Schweizer in die Flucht geschlagen und ihre Fähnlein erobert. Der Stier von Uri hat sein großes Horn lassen schallen und bald die Flucht gegeben, und ist fast mit all seinem Volke niedergelegen. (Es ist eine sondere Person zu diesem Amt und Hornblasen bestellt, wird der Stier von Uri genannt, der führt das große Horn und bläst es zu einem Zeichen als eine Trompete und Posaune. Die von Uri führen auch einen Stierkopf im Wappen.) Als die Deutschen Victoria geschrieen, ist den Franzosen das Herz entfallen und sind die Kaiserlichen gestärkt worden. Der Markgraf von Pescara ermahnte den von Frundsberg, er solle nachrücken, nacheilen und keinen Schweizer mit dem Leben davon kommen lassen, weil sie der Landsknechte schlimmste Feinde wären. Aber der von Frundsberg wollte nicht von seinem Stande weichen, damit er nicht den Sieg aus der Hand gäbe und im Nacheilen Schaden empfinge, wie gemeiniglich geschieht. Er sprach: „Wir haben heute Ehre genug eingelegt". Aber Prosper und der Markgraf haben mit den Pferden nachgejagt, mit Johann von Medici und mit den Franzosen gearbeitet und sie zusammengestochen. Die Venediger sind zeitlich geflohen. Ein französischer Küriffer (Panzerreiter) rennet nach beeendeter Schlacht zu dem von Frundsberg unter seinen Haufen bis in das dritte Glied, und als die Knechte auf ihn losstechen und ihn umbringen wollten, rief der von Frundsberg: „Laßt ihn leben!" Und als er ihn durch einen Dolmetscher fragte, wie und warum er so vermessen gegen sie geritten, gab er zur Antwort: er wäre einer vom Adel, und ihrer siebzig hätten zusammen geschworen, sie wollten mit ihm einfallen und den Schaden rächen. Er habe nicht anders gemeint, als sie seien hinter ihm her und eilten ihm nach. Da schenkten ihm der von Frundsberg und Franz von Castelalto ein Pferd und etliche Kronen und schrieben an den König von Frankreich und gaben ihm das Zeugnis, er habe sich ritterlich gehalten; wenn er es dem Kaiser gethan hätte, so müßte er sein Leben lang ehrlich gehalten werden. Diese Feldschlacht, schließt A. Reißner, ist geschehen auf den Montag nach Ostern Quasimodogeniti am 27. Tag Aprilis und sind auf des Kaisers Seiten gar wenig umgekommen, auch nicht mehr, als ein Hauptmann mit Namen Johann Cordinius, ein Graf aus Sicilien, der mit einem Pfeile durch das Angesicht erschossen worden ist. Die Schweizer sind wieder heimgezogen und haben nachmals den von Frundsberg den Leutfresser genannt."

Der Führer der tapfern Deutschen erhielt von dem Herzoge von Mailand gebührendes Lob, aber reicheren Lohn trug er in seinem Bewußtsein davon, hatte er doch die übermütigen Schweizer zum erstenmale mit gründlicher Strafe heimgeschickt.

Denn die geschlagenen führerlosen Schweizer, von denen zweiundzwanzig Hauptleute und über dreitausend Mann erschlagen lagen, waren so betäubt, daß sie nicht zu bewegen waren, die Nacht über auf dem Schlachtfelde auszuhalten. Sie eilten, so rasch sie konnten, nach Monza und traten von dort schleunig den Heimweg an. Sie versuchten freilich später die Bedeutung der Niederlage herabzusetzen, indem sie in einem Spottgedichte den Deutschen den Vorwurf machten, sie hätten die Schweizer nicht im ehrlichen Kampfe getötet, sondern den vom Geschütz Erschossenen nachträglich die Wunden beigebracht — aber sie fanden für diese Behauptung keinen Glauben.*)

Die Landsknechte mußten sich den versprochenen Lohn ihrer Kriegsthat vom Herzog von Mailand erst erzwingen. Kaum waren die Franzosen abgezogen, so hielten sie Gemeine und verlangten die ihnen als Schlachtensold zugesicherte Monatslöhnung; aber ihre Ambosaten erhielten von den schlauen Italienern die Antwort, die Landsknechte hätten sich nur eines feindlichen Angriffs erwehrt, nicht eine Schlacht gewonnen. Auf solche Spitzfindigkeiten ließen sich aber die ehrlichen Landsknechte nicht ein; da ihre wiederholte Bitte kein Gehör fand, nahmen sie die Geschütze weg, ließen die Spieße gegen den Oberfeldhauptmann nieder und erregten solche Furcht, daß der Herzog von Mailand, der sie aus Deutschland gerufen hatte, sich entschloß, ihren Forderungen zu willfahren, und sie mit Geschenken zu begütigen versuchte.

---

*) In diesem Spottliede, von dem Schweizer Nicolaus Manuel in Beantwortung eines die Schweizer verhöhnenden Landsknechtsliedes gedichtet, heißt es:

Du nennst uns allzeit Heini*)
In deinem Lügenlied
Und sprichst, Albrecht zum Steine
Und der von Winkelried
Und andre fromm' Eidg'nossen
Hätten viel Wunden g'han (gehabt).
Sie sind vom Geschütz erschossen,
Gott woll' ihr' Seelen ha'n.

Dank habt, ihr großen Törpel (Tölpel),
Wo man das sagt im Land,
Daß ihr die todten Körpel (Körper)
So tapfer g'wundet hant (verwundet habt).
Ich weiß viel arme Weiber,
Sie dürftens auch bestahn (bestehen),
Man sollts in d' Chronik schreiben
Und euch zu Rittern schla'n (schlagen).

Hättet ihr sie beim Leben
Und ihren Kräften gh'an (gehabt),
Ihr hättet ihnen nicht geben (gegeben)
Der Stich' die halbe Zahl.
Ich hab sie oft gesehen,
Die Helden unverzagt —
's hätt einer euer zehen
Mit nassen Lumpen (Waschlappen) gejagt.

Welche da sind geblieben,
Geschossen durch die Bein,
Die habt ihr all aufg'rieben,
Und nie gefangen kein'n.
Das werd'n wir nicht vergessen,
Wart nur, mein lieber G'sell!
Wir werden euch bald messen
Grad mit derselben Ell'.

---

*) "Heini" und "Bibi" sind die Spitznamen der Schweizer, wie "Bruder Veit" der Spitzname der deutschen Landsknechte.

Nach der Einnahme Lodis, in dem die ganze Besatzung gefangen genommen wurde, wie des reichen Genua, das am Tage nach Himmelfahrt, den 30. Mai, gestürmt wurde, hielten sich die Landsknechte schadlos. Georg von Frundsberg aber kehrte bald darauf heim.

Georg von Frundsberg.
Nach dem Holzschnitte auf dem Titelblatte von U. Reißners Historia.

7.
Belagerung und Schlacht von Pavia.

In Liedern besungen, die sich lange Zeit großer Beliebtheit im Volke erfreuten, ist die Schlacht bei Pavia unter den Kriegsthaten der deutschen Landsknechte diejenige, welche ihnen den größten Glanz verlieh und wohl am festesten in der Erinnerung

5*

haftete. War sie doch ein Seitenstück zu der Schlacht von Sedan in unserer Zeit, da auch in ihr die Gefangennahme des fürstlichen Oberhauptes der Franzosen stattfand.

Franz I., der tapfere und ruhmsüchtige König von Frankreich, hatte gleich nach seiner Thronbesteigung 1515 die Ansprüche seines Hauses auf Mailand geltend zu machen versucht. Er zog mit 60,000 Mann über die Alpen, nahm bei Villafranca den mailändischen Feldherrn Prosper Colonna gefangen und erfocht bei Marignano über die Schweizer einen glänzenden Sieg, nach dem er sich auf dem Schlachtfelde vom Ritter Bayard den Ritterschlag ertheilen ließ. Die Abdankung Sforzas und das Bündnis Franz I. mit Leo X. und dem jungen Könige Karl von Spanien, Kaiser Maximilians Enkel, schien die Kämpfe in Italien zu beenden. Aber als Franz I., dessen Ehrgeiz ihn zur Bewerbung um die durch Maximilians 1519 erfolgten Tod erledigte römisch-deutsche Kaiserkrone trieb, dabei gegen Carl V. unterlag, wurde er des Habsburgers unversöhnlicher Gegner, und um Burgund und Neapel begann 1522 der Krieg von Neuem, in dem ein französischer Großer, der Connetable Karl von Bourbon, welchen die Ränke der Königin-Mutter Luise und des Kanzlers Duprat in das Lager der Feinde getrieben hatten, eine wichtige Rolle spielte.

Nachdem die Franzosen zuerst in Italien unglücklich gestritten hatten, — bei ihrem Rückzuge 1524 fand auch Bayard im Thale von Aosta seinen Tod, — stellte sich Franz I. selbst an die Spitze eines starken Heeres, in dem auch 12,000 deutsche Landsknechte dienten, verdrängte Karl von Bourbon und den Marchese von Pescara aus der Provence und verfolgte sie nach Italien so eilfertig, daß, während die Kaiserlichen auf der einen Seite aus Mailand ausrückten, die Franzosen auf der andern Seite eindrangen.

Die deutschen Landsknechte waren gerade im Marsch auf Mailand begriffen, als ihnen die Kunde wurde, daß die Hauptstadt gefallen sei. So kehrten sie denn nach Pavia zurück, gegen das das französische Heer Ende October unter des Königs Franz persönlicher Führung heranzog. Dort lag Don Antonio de Leyva, des Kaisers Feldherr, an der Gicht, seinem alten Leiden, schwer darnieder, aber die Ehrbegierde gewährte dem hinfälligen Leibe des Mannes so ungewöhnliche Kraft und Ausdauer, daß die Soldaten an Hexerei glaubten. Unfähig zu gehen oder zu reiten, sondern im Sessel getragen, ward er die Seele der ruhmvollsten Verteidigung. Die deutschen Landsknechte aber boten sich ihm als zuverlässige und unverdrossene Werkzeuge dar, hatten sie doch bei der Rückkehr in das „faule Nest" geschworen, sich ritterlich zu wehren.

Schon am Tage nach der Ankunft der Franzosen, den 29. October 1524, begann Anne de Montmorency den Angriff auf die Stadt von Süden und ließ die kleine Besatzung eines erstürmten Turmes an der Tessinobrücke aufknüpfen, weil sie es gewagt hatte, einen so schwachen Posten halten zu wollen. Am 6. November begann der König im Westen Bresche schießen zu lassen, aber Antonio de Leyva und seine deutschen Feldherren Eitelfritz von Hohenzollern und Sebastian Schärtlin von Burtenbach waren allen Bewegungen der Feinde mit klugem Auge gefolgt und fanden die treue Bürgerschaft bereit, ihnen rastlos die Hand zur Errichtung neuer Werke zu bieten. So fanden die Stürmenden hinter der Bresche einen tiefen Graben und eine neue Schanze und wurden von einem so mörderischen Feuer empfangen, daß sie in übereilter Flucht, den Abhang des Walles und die Gräben mit Leichen bedeckend, zurückwichen. An der gefährlichsten Stelle standen Graf von Lodron, Georg von Frundsbergs Schwager, und sein Neffe Kaspar von Frundsberg.

Kaspar von Frundsberg.
Nach dem Holzschnitte auf dem Titelblatte von A. Reißners Historia.

Der Feuereifer der Deutschen fand bei den Bürgern Anerkennung und ohne Murren nahmen die Pavesanen die hungrigen unbesoldeten Krieger in ihre Häuser auf. Aber er kühlte auch die Heftigkeit französischen Kampfmutes ab und zum großen Ärger der Eingeschlossenen, die lieber den Stürmenden die Köpfe zerstoßen, als hungern wollten, wurde die Erstürmung aufgegeben und eine regelrechte Belagerung begonnen. Die französischen Ritter, die schon entschlossen gewesen waren, mit ihren adeligen Waffen zu Fuß in die Feste einzudringen, gingen kleinlaut zu ihren gepanzerten Rossen zurück, als sie sich die zum Sturm angewiesene Stelle angesehen hatten, und der Sturm unterblieb. Um aber doch nicht langweilig vor der Stadt zu lauern, beschloß man im französischen Heere, den an der Südseite hinströmenden Tessino in den Gravelone abzuleiten und über das entwässerte Flußbett die dort schwach befestigte Stadt zu erstürmen.

Die Bemühungen der Franzosen um die Ableitung des Tessino waren jedoch vergeblich; ein plötzliches Regenwetter schwellte den Strom so hoch, daß er in wenigen Stunden das mühsame und kostspielige Menschenwerk wegriß.

Die deutschen Landsknechte aber sahen, nachdem sie dreizehn Stürme, welche die Franzosen gleichzeitig oder an verschiedenen Orten gewagt, abgeschlagen hatten, keinen Lohn ihrer herzhaften Ausdauer; vielmehr ward bei der Strenge des Winters Mangel an Lebensmitteln, an Geld und an Holz zum Wachtfeuer aufs äußerste fühlbar. Die Kriegsleute, seit der Heimkehr aus der Provence ohne Löhnung, konnten jetzt, da die Vorräte der Bürger erschöpft waren, ihren Hunger nur stillen, wenn sie mit gefülltem Beutel den Marketendern und Kramläden nahten. Wenn auch die Angabe der Preise, welche wir in deutschen Berichten finden, nur die am höchsten gestiegene Not bezeichnen mögen: zwanzig Kreuzer für ein Ei, drei Dukaten für eine Henne, einen Dukaten für ein Pfund Schmalz und sieben Kreuzer für ein Pfund Pferde- oder Eselsfleisch; und wenn auch Schärtlin, „der immer gute Summen Geldes bei sich führte", uneigentlich in der Mehrzahl sprechen mag, wenn er sagt: „Wir haben Hungers halben unsere eigenen Pferde, Esel und Hunde essen müssen", so mußte doch der gemeine Knecht unzweifelhaft sehr harte Bedrängnis empfinden, und Unzufriedenheit und Murren über die endlose Plage wurden laut. Zwar bewiesen die Hauptleute ihren Kriegern die größte Freundlichkeit, um ihren Unmut zu bannen, und vor allen redete Kaspar von Frundsberg den Seinen tröstlich zu; dessenungeachtet scheinen die Versprechungen des freigebigen Königs durch Vermittelung der deutschen Landsknechte draußen im Lager den Antonio de Leyva in große Besorgnis versetzt zu haben. Selbst gegen den Obristen der Landsknechte, Graf Eitelfritz von Hohenzollern, faßte der argwöhnische Spanier den Verdacht, daß er französischem Golde nicht widerstehen könne. So lange noch irgend ein Mittel blieb, dem Geldmangel abzuhelfen, war Don Antonio unverzagt und scheute sich selbst nicht, seinen guten katholischen Glauben in bösen Geruch zu bringen, um seinem Gebieter die anvertraute Feste zu erhalten. Berüchtigt ist die erzwungene Anleihe, welche der Spanier bei den Schätzen der Heiligen und den Altären in Pavias reichen Kirchen mit wunderlichem Ernste machte. Er nahm alles Silbergeschirr aus den Kirchen an sich, vermaß sich aber jedes Mal, so oft er wieder einen Heiligen seines Schmuckes beraubte, mit dem feierlichsten Gelübde, wenn er Sieger bliebe, werde er den Be-

raubten die Kostbarkeiten in viel höherem Werte wiedererstatten. Aus dieser Kirchen-
beute, sowie allerlei Prunksilber, seinem eigenen Kredenztische, ja sogar dem Scepter,
welches dem Rector der Universität bei feierlichen Aufzügen vorgetragen wurde, ließ
er in der Eile eine Münze schlagen, welche die Inschrift führte: Caesariani Papiae
obsessi MDXXIV. (Die Kaiserlichen in Pavia belagert 1524.) Aber weder Kaiser
Karl war gewissenhaft genug, die Schulden, welche sein Kriegsobrist bei den Heiligen
für ihn gemacht hatte, als Sieger zu bezahlen, noch auch kümmerte sich Antonio de
Leyva um sein Gelübde; daher denn auch die Soldaten spöttisch das unkatholische
Sprichwort anwandten: Passato il pericolo vien gabbato il santo. (Ist die Not
vorüber, wird der Heilige ausgelacht.)

Aber auch das auf solche Weise beschaffte Geld hielt nicht lange vor, die
immer offener sich kundgebende Unzufriedenheit unter Deutschen und Spaniern zu
beschwichtigen, weshalb denn Antonio durch Strenge die Gemüter bei ihrer Pflicht
zu erhalten sich bemühte. Zwei Knechte, ein Spanier und ein Deutscher, überführt,
daß sie einen Wachtposten den Belagerern hätten übergeben wollen, ließ er durch
das Kriegsgericht als Verräter verurteilen und ihre Leiber in Stücke zerhackt zum
schaudererregenden Anblick öffentlich ausstellen. Den Grafen Eitelfritz von Zollern
lud er zum Gastmahle und räumte ihn durch Gift aus dem Wege, sei es aus Neid
über das hohe Ansehen des Nebenbuhlers, oder aus reizbarem Argwohne. Inzwischen
fristete sich die Besatzung der Stadt während des harten Decembers nur mühselig das
Leben, ohne den gewohnten Wein den Durst, und mit Eselsfleisch, Knoblauch und
Kleienbrod den Hunger stillend und manchem Franzosen es bitter eintränkend, der sie
„Eselsfresser" schimpfte; Antonio de Leyva immer in Furcht vor den Drohungen
der Deutschen, die Landsknechte immer tobend, mit einer Treulosigkeit drohend, welche
sie nicht wirklich im Sinne hatten; beide Teile aber mit unermüdlichem Eifer ihre
Pflicht erfüllend.

Diese Verteidigung Pavias ist von der Landsknechtspoesie verherrlicht in einem
vielgesungenen Liede, das die Überschrift führt:

Ein hübsch neu Lied von der Stadt Pavia,
wie sie vom König von Frankreich belagert und zum Sturm geschossen ward.

In Gottes Hülf so heb'n wir an,
Zu Lob der Kaiserlichen Kron
Ein neues Lied zu singen,
Hilf Maria, du reine Magd,
Dein liebes Kind dir nicht versagt,
Daß uns nichts misselinge.

An einem Samstag es geschah,
Daß man die Landsknecht ziehen sah,
Unter Pavia über die Brücken.

Die Reisigen rückten zu der Stadt,
Die Landsknecht lagen vor der Stadt,
Auf Mailand thäten sie rücken.

Zwischen Mailand kam uns die Mär,
Wie daß die Stadt verloren wär,
Der König hätt's eingenommen.
Wir hatten weder Rast, noch Ruh,
Wir rückten auf Pavia zu,
In die Stadt da sind wir kommen.

Am andern Tag da hielten wir G'mein,
Ein jeglichs Fähnlein zog allein,
Ein Eid thät'n wir da schwören,
Es sei gleich klein Hans oder groß,
Er sei ganz nacket oder bloß,
Gar ritterlich woll'n wir uns wehren.

Wir kamen in ein gar faules Nest,
Ein jeglicher der thät das Best.
Ihr Herrn, laßt uns beschauen,
Laßt uns heben zu bauen an,
Daß wir nicht verlieren manchen Mann,
Und laßt uns niemand vertrauen.

An einem Donnerstag es geschah,
Der König für Pavia zog
Mit seinen Schweizerknaben.
Sie zogen trotziglich daher,
Ihr sechzig tausend oder mehr,
Die Stadt wollten sie haben.

Am Freitag darnach fielen wir aus,
Wir machten ihn'n ein großen Graus,
Zu Pavia über die Brücke,
Da huben sie zu scharmützeln an,
Sie verloren mehr denn achtzig Mann,
Wir stachen sie zurücke.

Bis auf den elften Tag blieb es stahn,
Da huben sie erst zu schießen an,
Zu schießen an zweien Orten,
Bei einem Turm, hieß die heilig' Pfort,
Er war von kaiserlicher Art,
Viel harter Schuß mußt er warten.

Man gab ihm manchen harten Knaus,
Man schoß wohl tapfer wieder hinaus,
Mit Haken und Handröhren.

Wir hatten weder Pulver, noch Blei,
Das mocht ein großer Mangel sein,
Darmit wir uns sollten wehren.

Antoni' Leyva, ein edler Herr,
Ritt in der Stadt wohl hin und her,
Er thät den Landsknechten sagen,
Sie sollten alle fröhlich sein,
Ihn'n sollt mangeln weder Brod, noch Wein,
Sein Kredenz ließ er zerschlagen. *)

Graf Eitelfritz von Hohenzoll'rn,
Gott woll sein' liebe Seel bewahr'n,
Jetzund liegt er begraben.
Er sprach: „Ihr Brüder, seid nur keck,
Mein Sach befehl ich dem Leutinger Eck,
Alle Ding soll er euch sagen."

Der Eck von Reyschach ist ein redlich Mann,
Man sah ihn mit sei'm Kolben stahn
Zu Pavia an der Mauern.
Er sprach: „Wird mir ein Eidgenoß,
Ich will ihm binden den Kübel baß, **)
Kann ich ihn nur erlauern."

Graf Christoffel von Lupfen genannt,
Der wird noch mit der Zeit erkannt
Wohl unter den frommen Landsknechten.
Wiewohl er ist ein junger Mann,
Man find't ihn allezeit vorne stahn,
Zu streiten und zu fechten.

Die frommen Landsknecht' sind auch dran,
Man find't sie allezeit an der Mauern stahn,
Mit Spießen und Hellebarden,
Die Büchsenschützen auch darbei.
Wir leben alles Nutzes frei,
Der Schweizer thun wir warten.

Inzwischen war Karl von Bourbon nach Deutschland geeilt und führte von dort 12,000 deutsche Landsknechte unter Marx Sittich von Ems' und Georg von Frundsbergs Befehl den bedrängten Kaiserlichen zu Hilfe. Auch durch spanische und italienische Truppen verstärkt, zogen die Kaiserlichen gegen Pavia heran. Aber es fehlte an Geld, und schon drohte ein Aufruhr im Heere auszubrechen, da gelang es den Feldherren, die Krieger durch Versprechungen und Vertröstung auf reiche Beute zu

---

*) Seinen Schenktisch. **) Den Kübel besser binden, eine Anspielung auf die Beschäftigung der Schweizer als Hirten.

beruhigen und namentlich die deutschen Landsknechte gelobten ihren Führern, auszuharren, bis sie dem Kaiser das Mailändische wiedergewonnen hätten. Am 1. Februar 1525 rückten die Kaiserlichen vor Pavia und begannen die Franzosen einzuschließen. Franz, der ein Treffen vermeiden wollte, verschanzte sich aufs beste, teils in dem bei Mailand gelegenen Tiergarten, teils außerhalb desselben, und seine Werke umschlossen Schloß Mirabella und mehrere Dörfer und Flecken und reichten bis an den Po. Vergebens rieten ihm Papst Clemens und mehrere seiner tüchtigsten Feldherrn, es hier auf keine Schlacht ankommen zu lassen, sondern nach Binasco zu ziehen. Da der Admiral de Bonnivet, der bei dem Könige viel galt, behauptete: es wäre eine Schande, die Belagerung aufzugeben; in diesem Lager brauche man sich nicht zu fürchten! so beschloß der König zu bleiben und sprach: es wäre ehrlicher bestehen, denn abziehen. Am 24. Februar schon kam es zur Schlacht, in welcher das französische Heer vernichtet und der König selbst gefangen wurde.

Abgesehen von einem von Georg von Frundsberg selbst verfaßten Berichte, welcher bald nach der Schlacht unter dem Titel „Warhaffter bericht von der schlacht vor Pavia, darinn der König von Frankreich und vil mechtiger Herren von Kayserlicher Maiestät Kriegsvolk gefangen worden ist. MDxxv." gedruckt erschienen ist, enthält Ad. Reißners mehrerwähnte Historie Frundsbergs einen genauen Bericht über diese denkwürdige Schlacht. Er erzählt uns, die Kaiserlichen seien der Meinung gewesen, daß sie einen großen Sieg erlangten, wenn sie den König in diesem Neste überfielen. „Dazu suchten der Markgraf (Marchese di Pescara) und der von Frundsberg Gelegenheit und trachteten darauf Tag und Nacht, daß sie davor weder essen, trinken noch schlafen konnten. Dieweil aber die Obristen sahen, daß nicht länger zu feiern war, haben sie beschlossen, sie wollten den Tiergarten aufbrechen, demnächst beim Schlosse Mirabella zusammenkommen und den Feinden unter die Augen rücken." Georg von Frundsberg verständigte nun die Kaiserlichen in der Stadt, an welchem Tage und wo der Angriff auf die Franzosen erfolgen sollte, damit Antonio de Leyva gleichzeitig aus der Stadt ausfallen und die Franzosen im Rücken angreifen könnte. Ein spanischer Hauptmann erhielt dann den Auftrag, mit den Schanzknechten, Maurern und Steinmetzen die Mauer am Tiergarten zu brechen, was bei ihrer Festigkeit große Schwierigkeiten machte, aber doch während der Nacht soweit gefördert wurde, daß bei Tagesanbruch eine Lücke von 60 Schritt Breite hergestellt war. Während der ganzen Nacht ließen die Kaiserlichen durch drei Fähnlein Landsknechte die Feinde durch Lärmen beunruhigen und irreführen und noch in der Nacht rückte das ganze kaiserliche Heer, 16,000 Mann stark, aus dem Lager aus und drang in den Tiergarten ein. Der Marchese führte die ersten 5000 Mann hinein und drei verabredete Kanonenschüsse benachrichtigten den Feldherrn de Leyva in der Stadt, daß der Angriff begonnen habe. Des Marchese Neffe Alfons de Guasta drang mit einem in gevierter Ordnung aufgestellten Haufen bis auf Kanonenschußweite auf Schloß Mirabella vor.

„Georg von Frundsberg", erzählt nun A. Reißner weiter, „ordnete im Vorzug (in der Avantgarde) aus seinen Hauptleuten Ulrich von Hörkheim und aus Marx Sittichs Regiment Egloff Scheller mit 2000 Landsknechten. Zu denen gab der Markgraf 1000 Spanier; alle, die nicht Harnisch hatten, hatten ihre Hemden über die Kleider angelegt; die nicht Hemden hatten, hatten Papier auf die Brust gebunden, auf daß sie einander möchten kennen, denn sie wollten bei Nacht den reisigen Zeug überfallen, damit der Haufe, daraus der Harnisch scheinet, bei Nacht desto größer und schrecklicher wäre anzusehen; aber der Tag war da und schwang sich der Nebel auf. Diesen Vorzug hat der Markgraf von Pescara selbst geführt und ist dem von Guasta nachgefolgt. Der Vicekönig Carl de Lannoy und der Herzog von Bourbon haben den reisigen Zeug hinein geführt auf Mirabella. Darauf folgte das Feldgeschütz, das man mit Mühe mit Ochsen und Rossen hinein brachte und vergeblich, denn die französischen Reiter habens abgedrängt, daß es die Kaiserlichen nicht gebraucht, und sind die Reisigen jenseits des Grabens bei Mirabella zusammen gekommen. Der von Frundsberg hatte den Nachzug, ließ Marx Sittichen von Ems mit seinem Haufen voranziehen und ist selbst mit dem übrigen Haufen hernach gekommen. Er hat viele vom deutschen Adel unter seinem Haufen gehabt, die in dieser gefährlichen Schlacht gewesen."

„Als aber das Geschütz durch der Feinde Ueberfall ausgespannt und verhindert war, hat der von Frundsberg es wieder lassen anspannen, sich etwas gehindert und den gefährlichen Einzug gethan, denn der Franzose rückte mit allen Haufen auf ihn, ließ das große Geschütz vor sich für und für abgehen (abfeuern), wiewol dasselbe nicht viel Schaden gethan, denn der von Frundsberg hatte sich mit seinem Fußvolk in ein kleines Thal vor dem Geschütz niedergethan."

„Franciscus, König in Frankreich, der seine gute Wacht und Ordnung hatte, war unerschrocken und ließ zum Krieg aufblasen. Da er nun sah, daß die Kaiserlichen nicht angriffen, sondern auf Mirabella eilten, hat er bald die Schweizer und deutschen Knechte voran gestellt, die französischen Fußknechte hieß er im Lager still stehen und ließ die italienischen Fußknechte an ihrem Orte, Antonio de Leyva, wenn er aus dem Schloß wollte fallen, zum Widerstande bleiben. Der König aber rückte selbst mit gerüsteter Schlachtordnung gegen den von Frundsberg und seinen Haufen. Die Schweizer kamen bald herzu in ihrer Ordnung, hatten auf der einen Seite das Geschütz, auf der andern einen reisigen Zeug; neben ihnen war ein Haufen deutscher Knechte, die dem Franzosen dienten, so man die schwarzen Deutschen nennet, die waren auch auf beiden Seiten mit Geschütz und Reitern bewahrt. Der König war fröhlich und verhoffte gewissen Sieg. Da sind Reisige und Fußvolk an manchem Ort aufeinander gedrungen, dergleichen in keinem Krieg geschehen. Im kaiserlichen Nachzuge waren sieben wälsche Fähnlein, die haben die fünf Mauerbrecher bewacht. Als sie kaum in den Tiergarten gekommen waren und den Vorgehenden kaum folgen konnten, darum daß es ein wässriger Boden und die Räder an den Wagen eingesunken waren, da geschah es, daß die letzten die ersten waren, die von den Franzosen sind angegriffen worden. Die Kaiserlichen, die mit Geschütz und Pferden überwältigt waren, sind in das nächste Wäldlein geflohen; deren sind viele erschlagen, und den Rossen und Ochsen sind die Spannadern abgehauen worden. Dieser erste Sieg hat die Franzosen stolz gemacht, daß sie die andern Feinde verachteten und vermeinten, sie habens schon im Sacke."

Kampf der Reisigen und der Fußknechte.
Nach Jost Amman im Kriegsbuche.

Als der Markgraf von Pescara diese Niederlage der italischen Knechte und des Geschützes bemerkte, rief er das kaiserliche reisige Zeug und ließ die Franzosen angreifen; sie wurden aber von denselben mit solch heftiger Kanonade begrüßt, daß sie sich hinter Bauernhäusern verbergen mußten. Der König aber ließ zur Schlacht blasen und griff mit seinen Hauptleuten und seinen Panzerreitern die kaiserliche

Reiterei so hitzig an, daß die Schweizer und schwarzen Deutschen nicht folgen konnten, die französischen Büchsenmeister auch still halten mußten, um ihre eigenen Leute nicht zu beschädigen. Reißner fährt fort:

„Es war ein schwerer Angriff, zu beiden Seiten waren alte Kriegsleute, die nicht allein um Ehre, sondern um das italienische Imperium kriegten. Die Franzosen waren begierig, sie suchten überall den Herzog Carl von Bourbon, an dem hätten sie sich gern gerächt; er hatte sich aber angethan wie ein gemeiner Reiter und ließ einen andern den Haufen führen. Der Markgraf von Pescara, der überall die Aufsicht führte, schickte der kaiserlichen Reiterei unter dem Vicekönig, die in Arbeit und Nöten war, achthundert spanische Schützen zu Hülfe, die mit Kugeln, als mit einem Hagel, drei französische Haufen zerstreuten und zertrennten, aber sie haben sich bald wieder erholt, zusammen gethan und die Schützen angegriffen. Die Spanier, von Natur geschwind und ringfertig, haben sich geteilt, sind den Reisigen auf die Seiten entwichen und haben ohne eine Ordnung viele Haufen gemacht, wie sie vom Markgrafen waren unterrichtet; das war eine neue Kriegskunst, aber schrecklich zu hören, daß so mannliche Kürisser und tapfere Hauptleute durch wenig und zerstreute Fußknechte von den Handrohren elend zu Grunde gingen. Die geschwinden Spanier umgaben sie und haben allenthalben bleierne Kugeln unter sie geworfen und sie tötlich verwundet. Sie hatten nicht gemeine Handrohre, wie zuvor der Brauch, sondern lange Rohre, die man Haken und solche Schützen Arkebusiere nennt, haben in einem Schuß etliche Mann und Roß erschossen, daß alles Feld voll toter Pferde lag, daß die andern davor nicht von statten konnten und nicht fliehen mochten."

Alfons von Guasta mit seinem Haufen Reiter griff nun auf einer andern Seite mit Hülfe der Schützen die französische Reiterei an, schlug sie und eroberte ihr Geschütz.

„Darnach hat Alfons den kleinern Haufen der Schweizer angeplatzt, die waren erschrocken, als sie das Geschütz und die reisigen Pferde verloren, haben nicht gern zur Wehr gegriffen, das Herz war ihnen genommen, sie hatten den Hasen im Busen und gaben bald die Flucht. Johann Dießbach, ihr Hauptmann, als er sie auch mit Streichen nicht hat können aufhalten, ist unter die Feinde gelaufen und gern umgekommen. Der andere größere Haufe der Schweizer hat eine kleine Weile sich gewehrt, als aber die Kugeln wie Platzregen in sie gingen, auch die Hauptleute in den ersten Gliedern niederlagen, haben sie die Wehr von sich geworfen und sind schändlich geflohen."

„Die deutschen Landsknechte auf des Franzosen Seite, der schwarze Haufe genannt, haben sich herzu gethan und mit großem Eifer den kaiserlichen Fußknechten zugesetzt; sie wollten Ehre einlegen und ihrem Könige, der ihnen viele Jahre viele Kronen zur Besoldung gegeben, redlich beistehen. Dagegen waren die kaiserlichen Landsknechte unter dem von Frundsberg auch begierig wider sie, darum, daß sie dem Kaiser und dem deutschen Namen zuwider dem Franzosen, der ein steter Feind des Kaisers war, wider die Deutschen, ihre Brüder und Blutsfreunde, kriegten."

„Georg von Frundsberg ist nach seinem Brauch mit dem ganzen Haufen Landsknechte auf die Knie gefallen, hat Gott um Hülfe und Beistand angerufen und gebeten, desgleichen im andern Haufen Marx Sittich von Ems auch gethan, und als sie aufgestanden, sind sie still und gemach auf die Ordnung des französischen Fußvolks gerückt. Da nun beide Haufen an einander kamen, trat aus dem schwarzen Haufen hervor ihr Hauptmann, Langenmantel aus Augsburg, und mit aufgeworfenem Arm und lauter Stimme forderte er in einen Kampf den von Frundsberg und den von Ems, aber mit mancher Stimme ist er verworfen, gescholten und mit viel Waffen nieder geschlagen worden, und ein Knecht hat seine abgehauene Hand mit der Armschiene und die Finger mit den goldenen Ringen als ein Siegzeichen aufgeworfen, da haben die Kaiserlichen angefangen zu schreien und auf die schwarzen Knechte und Schweizer gestochen und geschlagen."

Markgraf von Pescara, welcher zu nahe an die Schweizer herangesprengt war, um Frundsberg zuzusprechen, wurde vom Pferde gestochen und mehrmal verwundet, wäre auch umgekommen, wenn die nächsten Hauptleute und Fähndriche ihm nicht beigesprungen wären und ihn herausgerissen hätten.

Frundsberg und von Ems umgaben den schwarzen Haufen von drei Seiten, und griffen ihn so heftig an, daß „schier keiner aus den schwarzen Knechten davon kommen", sondern alle erschlagen worden; auch ihr Obrist Richard, ein geborner Fürst von Suffolk, des königlichen Geschlechts aus England von der weißen Rose, und viele Vornehme wurden hier erschlagen und viel andre vom Adel verwundet und gefangen. Nach dieser Niederlage des französischen Fußvolks ist alles gethan und das Feld behalten worden. Das übrige französische Volk, Landsknechte, Schweizer und Gascogner begaben sich in eine gewaltige Flucht.

„Der König von Frankreich, der königliche Triumphier-Kleider, von Silber und Gold, mit Federbüschen auf dem Helm hatte, der hat als ein strenger Kriegsmann seinen Hauptleuten zugesprochen, die Feinde angesprengt, sonderlich wo er einen Hohen in Sammt und Gold ersah. Und einen edlen Hauptmann, Ferdinand Castriota, vom königlichen Stamme aus Macedonien, hat er mit seiner Hand erstochen. Da ist auch Hugo Cardonius, des Markgrafen Locotenent, umgekommen und seine zwei Fähnlein zertrennt worden."

„Graf Niclas von Salm hat mit seinem reisigen Zeuge tapfer nachgedrückt, aber erstlich großen Schaden erlitten und ist rückwärts getrieben, daß des Vicekönigs und Bourbons reisiger Zeug auch schwankte, denn der Franzosen waren zuviel und zu stark, und hatten die kaiserlichen Küriffer nicht leichte Pferd zur Hand."

„Als Galeazzo Sanseverino, des Königs Marschall, der dem Könige das Schwert vorführet, das Pferd auf alle Seiten wandte, um die Feinde vom König abzutreiben, ist ihm das Pferd gefallen und vor des Königs Augen zu Grunde gegangen; und als ihm Guilielmus Langeus wollte zu Hülfe kommen, sprach er: „Mein Sohn, laß mich sterben, und eile den König zu erretten". Der Admiral de Bonnivet, der dem

König zu dieser Schlacht gerathen und ihn überredet hatte, daß er in diesem Lager solle verharren, wollte nicht die Schande sehen, noch erleben, ist mitten unter die Feinde gesprengt und hat sich mit offenem Helmlein (Visier) lassen erstechen."

„Franciscus der König, seines Volks und aller Hülfe entblößt, hat immer mit seinem Schwerte sich gewehrt, und obwohl er Wunden empfangen, doch Widerstand gethan, und hat wollen bei seinem Volke tot bleiben. Als er über ein Brücklein wollte, ist ihm sein Pferd erschossen worden und gefallen. Nicolaus Graf Salm hat sich mit seinen Reitern hart um den König angenommen, dem König seinen Hengst erstochen und ihn in die rechte Hand verwundet, dagegen hat der König Graf Nicolaus durch einen Schenkel gestochen und sich sehr gewehrt. Als aber der Hengst unter dem König gefallen, kam des von Bourbon Hofmeister, de la Motte, der kannte den König von Angesicht, wiewol er ganz blutig war, und ermahnte ihn, er solle sich dem Herzog von Bourbon gefangen geben. Der König sprach: „Ich kenne keinen Herzog von Bourbon, als mich selbst, und will mich niemand gefangen geben, denn dem Römischen Kaiser; eher will ich sterben." Da ist ein Spanier herzugekommen, hat ihn beim Helmbusche gepackt und ihn vom Pferde reißen wollen; den hat der König so von sich gestoßen, daß dem Spanier ein Stück von des Königs Ärmel und die Federn vom Helme in der Hand blieben. Da befahl der König, daß man den Vicekönig kommen hieße. Karl de Lannoy kam bald, ließ die Reisigen, die um den König standen, zurücktreten, zog den König mit der rechten Hand vom Pferde und richtete ihn auf, dann hat der König ihm statt des römischen Kaisers Gefängnis gelobt und den rechten Harnischhandschuh zum Zeichen der Ergebung gereicht. Die andern Spanier und Deutschen haben sich um des Königs Kleider und Kriegsrock gerissen, etliche die Gürtel, die andern Sporen davon gebracht, ein jeder hat etwas vom König haben wollen. Darauf hat das kaiserliche Kriegsheer nach des Königs Gefangennahme im ganzen Lager gerufen: „Victoria, der Sieg ist erlangt!" Da ist den übrigen Franzosen die Kraft entgangen und sie flohen auf allen Seiten. Die Schweizer sind mit großem Spott geflohen, als sie wie das Vieh niedergeschlagen wurden, und als der Herzog von Lanson (Duc d'Alençon) die Brücke über den Tessin hinter sich abbrechen ließ, sind sie in das Wasser gesprungen und gelaufen, haben sich aneinander gehenkt und sind erbärmlich ertrunken. Etliche sind auf die Knie gefallen, haben die Wehr von sich geworfen und Gnade begehrt, aber auf diesen Tag konnte wenig Gnade statthaben."

Antonio de Leyva und Johann Baptista Graf von Lodron, unter denen Kaspar von Frundsberg stand, mit ihrem Kriegsvolk sind aus dem Schlosse und zur neuen Pforte ausgefallen über der Feinde Schanzgräben und Bollwerk in der Feinde Heer, die zum Widerstande da lagen. Da hat Kaspar von Frundsberg zu Fuß im ersten Gliede mit seinem Fußvolke so tapfer angegriffen, die Feinde gejagt, verwundet, geschlagen und den Sieg helfen erringen, so kühnmutig, daß er bald danach zu einem obersten Hauptmann über das deutsche Fußvolk gesetzt worden ist. Währenddessen hatte Georg von Frundsberg die deutschen Fußknechte allweg bei einander behalten und keinen lassen abtreten oder plündern, sondern sie in ihrer Ordnung aufrecht und unbewegt erhalten, bis alles vollbracht war, wie sie denn zusammen geschworen hatten; deshalb haben die Deutschen nur wenige gefangen und keinen Raub bekommen, sondern es haben die Spanier fast allen Kriegsraub erobert. Das italische und französische Fußvolk, das der König zuerst vor dem Schlosse und im Lager gelassen und zuletzt zu Hilfe gerufen hatte, traf, von Karl von Amboise geführt, auf Georg von Frundsbergs Haufen und wurde in die Flucht geschlagen; ihr Obrist kam um.

In dieser großen Feldschlacht ist der große Adel aus Frankreich zu Grunde gegangen und sind auf der Walstatt geblieben Könige und Fürsten und große Herren." A. Reißner zählt sie auf, wie auch die Gefangenen, und schließt den Bericht:

„Summa Summarum. Es sind auf der Walstatt und sonst auf Wasser und Land von des Königs von Frankreich Kriegsvolk tot geblieben über zwanzigtausend Mann und wohl eben so viel gefangen worden und des Königs Geschütz, zweiunddreißig große Stücke, und viel Reichtum ist erobert, auch das Fürstentum Mailand dem Kaiser abermals erhalten und sind auf des Kaisers Seite nicht über vierhundert Mann verloren, auch kein Hauptmann ist umgekommen außer Ferdinand Kastriota. Der gefangene König ist auf einem niedern Zelter vom Vicekönig in der Franzosen Lager geführt worden. Als ihm Alfons von Guasta, nachdem er die Schweizer erlegt, begegnete, ist er vom Pferde gestiegen, hat den König ehrerbietig begrüßt und ihn getröstet. Da sagte der König: „Ich habe bei Verlust so vieler ehrlicher Leute nicht übrig bleiben und auch mit ihnen sterben wollen, aber es ist mir nicht so gut geworden". Er war verwundet zu oberst im Schenkel, in der rechten Hand und am Backen. Er hatte viele Schüsse auf die Brust erhalten. Es mußte der Vicekönig auf sein Begehren und Alfons de Guasta mit ihm zu Nacht essen. Der Herzog von Bourbon hat ihm die Handquehle (Handtuch) gehalten, als er sich gewaschen hat.

Also ist Franciscus, König von Frankreich, mit allem Kriegsvolk im Tiergarten geschlagen worden von dem Kriegsvolke, das in Kaiser Karl V. und seines Bruders Ferdinand, Erzherzogs in Oesterreich, Namen da versammelt gewesen, darüber Obriste waren Karl de Lannoy der Vicekönig, Herzog Karl von Bourbon, Alfons Markgraf von Guasta und Nicolaus Graf Salm, die alle ihren Fleiß gethan. Aber vornehmlich haben sich zu diesem Siege geschickt Ferdinand Markgraf von Pescara und Herr Georg von Frundsberg, die doch beide keinen Ruhm haben wollten und solche Gottesfurcht gehabt haben, daß sie allzeit Glück und Sieg Gott dem Herrn zugelegt und allweg gesagt; es sei nicht ihr Werk, sondern Gott habe es gethan, dem sie auch Lob und Dank gesagt haben. Wäre der von Frundsberg nicht aus Deutschland gekommen, hätte er den Vicekönig lassen abziehen und den päpstlichen Legaten, Bischof von Capua, nicht aus dem Lager getrieben, hätte er nicht geraten, den Tiergarten zu brechen, hätte er nicht im ersten Gliede gestanden und die französischen Fußknechte angegriffen und sie erlegt, so wäre der Sieg schwerlich geschehen. Demnach mögen der von Frundsberg und der Markgraf von Pescara den alten sieghaften Kriegsmännern, die mit ihrer Hand große Thaten verrichtet, wohl verglichen werden, als da waren die Spartaner Leonidas und Hannibal aus Karthago. Also ist auch dieses Königs Hoffart durch solche Schlacht, durch Arbeit und Fleiß dieser Helden erniedrigt worden".

Während in dieser Schlacht der französische Adel mit Schrecken die Überlegenheit der Hakenschützen erkannte und die Schweizer, uneingedenk ihres früheren Schlachtenruhms, von jäher Todesfurcht gepackt, in schimpflicher Flucht davoneilten, waren es allein geächtete deutsche Landsknechte im Dienste des Königs, die mehrfach genannten „schwarzen Deutschen", welche das Vertrauen ihres Herrn mit Hingebung in den Tod rechtfertigten.

Es war nicht allein die Erinnerung an Wohlthaten und Freundschaftsbeweise des fremden Herrschers, der mit reichem Solde die tapfern Männer an sich fesselte, der Grund dafür; vielmehr, wie Barthold rühmend hervorhebt, die in der Tiefe deutschen Gemüts und in uralten geschichtlichen Verhältnissen begründete Aufopferungslust für eine fremde Sache und der ehrliche Drang, selbst mit Betäubung innerer besserer Stimme einem ihnen geschenkten Vertrauen Treue zu bewahren. Außerdem hatten die mannigfachen Zerwürfnisse in der deutschen Welt viele mit der bürgerlichen Ordnung zerfallene Deutsche unter die Fahne des freigebigen Königs geführt und manchen, denen der spanische Karl nicht als rechtmäßiges Oberhaupt galt, den Blick so getrübt, daß sie für eine gute Sache zu fechten wähnten.

So hatte sich aus den gemeinen Knechten, welche durch ausgetretene Edelleute verlockt über den Rhein gegangen waren, ein fester Kern gebildet, an den sich immer neue Elemente anschlossen. In welcher Gesinnung diese Männer dem Könige dienten, lehrt ein altes Landsknechtslied, das unzweifelhaft in den Reihen der Schwarzen entstanden ist. Es lautet:

Der alte Landsknecht.

Frisch auf, ihr Landsknecht alle,
Seid fröhlich, seid guter Ding,
Wir loben Gott den Herren
Dazu den edlen Küning (König).
Er legt uns ein gewaltigen Haufen ins Feld,
Es soll kein Landsknecht trauern um Geld,
Er will uns ehrlich lohnen
Mit Stübern und Sonnenkronen.[1]

Der Herzog aus Burgunde,
Derselbig treulose Mann,
Wollt' uns den edlen Franzosen
Schändlich verrathen han.[2]

Das schaffet Gott durch seine Güt,
Gott woll' uns den edlen König behüt',
Er ist ein edler Herre,
Wir dienen ihm allzeit gerne.

Beim Bauern muß ich dreschen
Und essen saure Milch,
Beim König trag' ich volle Fleschen,[3]
Beim Bauern einen groben Zwilch,
Beim König tret' ich ganz tapfer in's Feld,
Zieh daher als ein freier Held,
Zerhauen und zerschnitten
Nach adeligen Sitten.[4]

---

[1] Münzen. [2] wollte, daß wir den König verrieten. [3] Flaschen. [4] Mit Beziehung auf die Tracht.

Es soll kein Landsknecht garten ¹)
Vor eines Bauern Haus,
Denn er muß rotten und harken,
Daß ihm der Schweiß bricht aus,
Dazu das Mark in sei'm Gebein;
Viel lieber dien' ich dem König allein,
Denn einem reichen Bauern;
Er giebt uns das Geld mit Trauern.

Der uns dies neue Liedlein sang,
Von neuem gesungen hat,
Das hat gethan ein Landsknecht gut,
Ist gelegen vor mancher Stadt;
In mancher Feldschlacht ist er gewesen,
In vielen Stürmen hat er genesen, ²)
Dem edlen König zu Ehren.
Sein Lob ist weit und fern. ³)

In den Niederlanden, wie in dem Kriege um Navarra, dann in den Kämpfen um Mailand hatten diese „Schwarzen" gekämpft, und im Laufe der Zeit hatten sich viele vornehme Streitgenossen, vertriebene Prätendenten, jüngere Söhne des Adels, Abenteurer aller Art zu ihnen geschlagen. Der vornehmste war Richard (Reichart), Herzog von Suffolk aus dem Hause York, der heimatsflüchtig unter Frankreichs Fahnen Ruhm und Ehre suchte. In ihrer ersten Reihe standen ein Herzog von Würtemberg, ein Graf von Nassau, der Herzog Franz von Lothringen, ein Graf Wolf von Lupfen, zwei Edle von Bünau, der alte Hans von Brandeck aus Schwaben und der Sohn des Augsburger Bürgermeisters Langenmantel.

Da nun außer auf den Fürsten und Edeln auch auf der ganzen Gemeinde der Landsknechte nach vergeblicher Zurückberufung die kaiserliche Acht und Aberacht ruhte, und sie alle vor sich Ruhm und reiche Beute, hinter sich aber Tod und Schmach erblickten, so hatten gemeinsame Not und gemeinsame Hoffnung diese Glücksritter, — welche sich vermaßen: Gott, zu alt zu regieren, habe ihnen das Regiment empfohlen, — so eng an einander geschlossen, daß König Franz todesmutigere und zuverlässigere Krieger nicht finden konnte. Unter ihren schwarzen Fahnen, vom Kopf bis zur Zehe in Schwarz geharnischt, rückten die tapfern Männer in das Feld. Sie waren es, die bei Marignano 1515 den ersten Sieg über die Schweizer errangen.

Am Tage von Pavia hatten die Schwarzen zuerst den Angriff der kaiserlichen Reiter zurückgewiesen und diese in ein Thal der Vernacula hinabgetrieben. Auf dem linken Flügel aufgestellt, drangen sie, mit den Schweizern des rechten Flügels vereint, gegen des Marchese von Pescara Fußvolk vor, als Georg von Frundsberg mit den Seinen quer über das Feld heranrückte, um Abrechnung mit den Verächtern des deutschen Vaterlandes zu halten. Damit der Geächteten keiner entrinne, umschlossen Frundsberg und der Emser den Feind, und nicht eher ließen ihre Knechte ab, die Schwarzen niederzustoßen und zu töten, bis in der zusammengedrängten Mitte nur ein Haufe von Leichen und Todwunden übrig war. Da lagen in der ersten Reihe der Herzog von Suffolk, der junge Franz von Lothringen, Dietrich von Schomberg, Graf von Nassau; die von Bünau und fünfzig deutsche Edelleute vergossen für Frankreich ihr Herzblut und fast alle Schwarzen büßten durch mannhaften Tod nach ehrlichem Widerstande den Frevel ihres Lebens und erlangten durch aufopfernde Treue, daß die Geschichte ihrer versöhnt gedenkt.

---

¹) betteln. ²) ist er unversehrt geblieben. ³) fern, d. h. sein Ruhm ist weitverbreitet.

Von den zahlreichen Sprüchen und Liedern auf die Pavierschlacht ist uns ein Spruch in 298 Versen von Peter Stubenvoll, einem Landsknecht aus Straßburg, der selbst mitgefochten hat, ein Lied in 25 Strophen von Erasmus Amman, sowie ein Lied in 22 Strophen von Hans von Würzburg und ein vlämisches kurzes Lied „Op den slag von Pavia" aufbewahrt. Von einem andern beim Volke beliebten Liede auf die Schlacht sind uns nur die Anfangsverse erhalten:

> Ich habe oft hören sagen:
> Verachten thut kein gut.
> Das thut der Franzos klagen ꝛc.

Der Spruch Stubenvolls beginnt:

> Der Sommer kommt in mancher G'stalt,
> Darüber freut sich jung und alt.
> Viel Blümlein kommen mancherlei;
> Vernehmt mich recht, ich bring gut G'schrei (gute Kunde).
> Was Winter mit seiner Qualität,
> Mit Regen, Schnee verderbet hätt',
> Das bringt her wieder Sommers Glanz.
> Wohl her, ihr Landsknecht', zu dem Tanz!

Die Dichtung wendet sich besonders gegen die Schweizer, deren mit ingrimmigem Hohne und Hasse gedacht wird.

Das Lied von Erasmus Amman, „In dem neuen Con von Mailand oder des Winsbecken Con zu singen", ist in fünfzeiligen Strophen gedichtet. Es ist in ernstem Tone gehalten und schließt mit dem Ausdrucke des Bedauerns über den endlosen gehässigen Hader. Eine eigene Melodie, den Pavier Ton, hatte Hans von Würzburgs „Ein schönes Lied von der Schlacht vor Pavia geschehen", das sich lange großer Beliebtheit erfreute und dessen Melodie uns in dem Chorale: „Durch Adams Fall ist ganz verderbt" noch erhalten ist. Es beginnt:

> Was woll'n wir aber heben an?
> Ein neues Lied zu singen
> Wohl von dem König aus Frankreich.
> Mailand das wollt er zwingen.

> Das geschah, da man zählt tausend
>   fünfhundert Jahr.
> Im fünfundzwanzigsten ist's geschehen.
> Er zog daher mit Heereskraft,
> Hat mancher Landsknecht gesehen.

und es schließt mit den Strophen:

> Also habt ihr vernommen wohl,
> Wie's den Schweizern ist ergangen.
> Sie hatten geschworen ein Eid:
> Sie nehmen unser kein'n gefangen.
> Sie riefen Maria, Gott's Mutter, an,
> Daß wir ihr'r thäten warten.
> Ich mein', wir haben sie bar bezahlt
> In Pavia im Tiergarten!

> Der uns dies neue Liedlein sang,
> Von neuem hat gesungen,
> Das hat gethan ein Landsknecht gut.
> Den Reihen hat er gesprungen.
> Wann er ist auf der Kirchweih' g'west,
> Der Pfeffer*) ward versalzen.
> Man richt't ihn mit langen Spießen an,
> Mit Hellebarden g'schmalzen.

---

*) Die gewürzte Brühe zum Fleisch.

Georg von Frundsberg.
Nach Zweihundert deutsche Männer. (G. Wigand.)

8.
Landsknechtsführer.

Von den deutschen Kriegsmännern, welche die Führung der Landsknechte übernahmen, haben schon einige, wie der Hohenzoller Eitelfritz, Hederlin, die wackern Brüder Jacob und Marx Sittich von Ems, Georg und Kaspar von Frundsberg, Sebastian Schärtlin in der Erzählung der Kriegsthaten Erwähnung gefunden. Neben ihnen sind noch Conrad von Boyneburg und Franz von Sickingen aus der Glanzzeit der Landsknechte zu nennen.

Weitaus der bedeutendste von allen ist „der Landsknechte lieber Vater", Georg von Frundsberg. Einem schwäbischen Rittergeschlechte entsprossen, das sich durch seinen Sinn für gesetzliche Ordnung rühmlich auszeichnete, war Frundsberg am 24. September 1473 geboren. Von der Natur mit einem riesigen Körper und ungewöhnlicher Stärke begabt, so daß er die schwerste Kartaune mit seinen Lenden wegrücken, ein Pferd im vollen Laufe festhalten und mit dem Mittelfinger der rechten Hand einen Mann umstoßen konnte, wurde er früh dem Kriegsdienste bestimmt, ohne daß man seine geistige Bildung vernachlässigte. Seinen ersten Dienst im Harnisch that er 1492, als Herzog Albrecht von Baiern gezwungen wurde, die dem Reiche entrissene Stadt Regensburg herauszugeben. Im Schwabenkriege lernte er viel von der Kriegskunst des schweizerischen Fußvolks und that sich in der baierischen Fehde 1504 bei Regensburg so hervor, daß ihn Kaiser Max eigenhändig zum Ritter schlug. Von da an war Frundsbergs Leben dem Dienste des Kaisers und dem Ruhme deutscher Nation geweiht, während ein Teil der deutschen Ritterschaft, wie Götz von Berlichingen, sein Leben mit „Heckenreiterei" ausfüllte, oder, wie Franz von Sickingen, unerreichbaren politischen Zielen nachstrebte.

Mit dem Kaiser gemeinsam arbeitete er an der praktischen Ausbildung des Landsknechtswesens und im „Ehrenspiegel" wird ausdrücklich anerkannt, daß die löbliche Anstalt, den Krieg in einen ordentlichen Staat zu verfassen, mit Frundsbergs Rat getroffen ist. Wie er sich 1509—1511 in Italien bewährte, ist bereits erzählt. Die Trophäen, welche er in der Pfarrkirche zu Mindelheim aufhängen ließ, legten Zeugnis von seinen Erfolgen ab.

1512 erhielt der Ritter als Obrist des Tirolerbundesaufgebots mit Georg von Lichtenstein den kaiserlichen Auftrag, die Burg Hohenkrähn im Heggau zu zerstören, den Schlupfwinkel der Friedinger, welche den Landfrieden durch Niederwerfung von fünf Kaufbeurner Bürgern verletzt hatten, und entledigte sich desselben mit Hülfe der kaiserlichen Geschütze so gründlich, daß keine Spur der Burg blieb.

Im folgenden Jahre war er wieder in Italien und drang bis nach Marghera vor, von wo er den ersten Schuß aus einem Geschütz auf ein venetianisches Schiff abgeben ließ. Von seinem Siege gegen die Venetianer bei Olmo ist oben Seite 63 erzählt; Frundsberg stritt damals, so schwer von Leibe er war, im ersten Gliede und that, tief atmend, gewaltige Streiche mit seinem Schlachtschwerte.

Auch in den folgenden Jahren finden wir ihn in Italien als kaiserlichen Feldhauptmann zunächst in Verona, von wo aus er 1514 das Land bis Este unterwarf und das er gegen Franzosen und Venetianer tapfer verteidigte. Er war es, der damals zu dem kühnen Wagestücke riet, zu Fuß gegen die Venetianer auszufallen und die Etschbrücke zu erstürmen und abzubrechen — ein Plan, den die Franzosen durch einen Sturm vereitelten. Ihm übertrug damals der Italiener Colonna den Oberbefehl, als er durch einen Büchsenschuß verwundet wurde, und seinem trostreichen Zureden gelang es, die Belagerten guten Mutes zu erhalten, bis Georg von Lichten-

stein und Wilhelm von Roggendorf mit achttausend Landsknechten aus Tyrol und
Schwaben zum Entsatz der Stadt herankamen, die bald darauf gegen Zahlung von
zweimalhunderttausend Thalern in Folge des schon erwähnten Vertrages Venedig
überlassen wurde. Unmutig kehrte Georg von Frundsberg heim. Das reichlich vergossene Blut seiner Tapfern hatte dem deutschen Namen zwar Ruhm und Ehre,
aber keinen andern Gewinn gebracht, als jene Summe in den ewig leeren Säckel
seines Kaisers.

Bald nach seiner Heimkehr führten ihn Aufträge des Kaisers und des schwäbischen
Bundes wieder in das Gewirr von Reichsgeschäften und Ständeversammlungen und
ließen ihn seines Besitzes, den er nicht nach anderer Obristen Brauch durch „Finan-
zieren" im Kriege vermehrt hatte, kaum froh werden. Sofort nach Kaiser Maximilians
Tode begann der unruhige Ulrich von Würtemberg, der durch die Ermordung seines
Stallmeisters von Hutten schon vorher den Adel gereizt hatte, die Würtemberger
Fehde durch die Unterwerfung der Reichsstadt Reutlingen. An ihr beteiligte sich als
Gegner Ulrichs, der aus dem Lande vertrieben wurde, außer Ulrich von Hutten,
Franz von Sickingen und dem über die Behandlung seiner Schwester Sabina durch
Ulrich mit Recht aufgebrachten Schwager Ulrichs, Herzog Wilhelm von Baiern,
Georg von Frundsberg als oberster Hauptmann über das Fußvolk.

Dem tapfern Götz von Berlichingen, der auf seines Lehnsherrn Gebot Möck-
mühl an der Jaxt verteidigte, leistete er damals vereint mit Sickingen durch seine
Vermittelung gute Dienste, als Götz nach Übergabe Möckmühls gegen Teidigung
unrechtmäßig in Heilbronn gefangen gehalten wurde, ohne freilich bei der Hart-
näckigkeit Götzens seine Entlassung aus der Haft erreichen zu können.

Während dieser Fehde war Karl V. in Frankfurt unter dem Schutze des
schwäbischen Bundesheeres zum Nachfolger seines Großvaters gewählt. Auf dem
Reichstage zu Worms bestätigte dieser 1521 dem Ritter die oberste Feldhauptmann-
schaft in Tyrol und verlieh ihm nebst dem Titel eines Kaiserlichen Rats das Schloß
Runkelstein sammt der Burghut, wofür Frundsberg die Verpflichtung übernahm,
für den Kaiser im Kriegsfalle deutsche Fußknechte zu werben.

Auf demselben Reichstage fand jene berühmte Begegnung Frundsbergs mit
dem Wittenberger Reformator, Dr. Martin Luther, statt, der, vor den Reichstag
geladen, von dem ruhmreichen Kriegsmanne mit den Worten ermutigt wurde:
„Mönchlein, Mönchlein, du gehst jetzt einen Gang, dergleichen ich und mancher
Obrister in der allerernstesten Schlacht nicht gethan haben. Bist du rechter Meinung
und deiner Sache gewiß, so fahre in Gottes Namen fort. Gott wird dich nicht verlassen". Aus diesen Worten erkannte Luther die hohe sittliche Bedeutung des Mannes,
den er in seinem Sermon: „Schulen anrichten" als einen der Wunderhelden bezeichnet,
um welcher willen Gott ein ganzes Land segnet, und das Volk, dem diese Äußerung
des gefeierten Helden bekannt wurde, pries Frundsberg als einen der Hauptförderer
der Reformation.

In dem Kriege gegen Franz I. in den Niederlanden 1521 stand Frundsberg mit unzureichender Macht einem übergroßen französischen Heere gegenüber, und der Unverzagte, der dem Kaiser Land und Leute nicht verschlagen wollte, zog vor der Übermacht ab und brachte des Kaisers Volk glücklich nach Valenciennes und von da über das entsetzte Dornik auf heimatlichen Boden. Es ist für die ächt menschliche Gesinnung des wackern Mannes bezeichnend, daß Reißner erzählt, er habe immerdar diesen Rückzug für sein höchstes Glück und die ehrlichste Kriegsthat gehalten.

Kaum aus den Niederlanden nach Mindelheim heimgekehrt, wurde er vom Kaiser, wie von Franz Sforza aufgefordert, Landsknechte nach Italien zu führen, wo der Krieg aufs neue entbrannt war. Er kam dieser Aufforderung nach und führte im Winter ein Heer über das Wormser Joch nach Mailand.

Ueber seinen Sieg bei Bicocca ist schon ausführlich berichtet.

Vielfache Geschäfte für den Schwäbischen Bund, die häufigen Reichstage und die Besorgnis vor den Rüstungen der Türken an der ungarischen Grenze mochten wohl Veranlassung sein, daß Frundsberg, der nach Genuas Einnahme unter Zurücklassung seines Lieutenants Rudolf Häl und seines Sohnes Kaspar nach Mindelheim zurückgekehrt war, an dem Kriege um Mailand 1523 und 1524 nicht teilnahm. Er weilte auf seinem Schlosse und genoß nach dreißigjähriger Thätigkeit im Felde die Ruhe des Familienlebens inmitten seiner zahlreichen Familie im Genusse hoher Ehren.

Erst 1525 trieb ihn die Not der in Pavia eingeschlossenen Deutschen, besonders die Gefahr seines ältesten Sohnes, und die Entrüstung über die Praktiken des römischen Papstes von neuem nach Italien. Er übernahm die Feldobristenstelle über das gesammte deutsche Fußvolk, ließ neunundzwanzig Fähnlein unter tüchtigen Hauptleuten werben und trat in der Weihnachtswoche, „unter seinen lieben Söhnen", den Landsknechten, auf einem Maultiere reitend, dessen er sich, seitdem er dem Ritterdienste entsagt hatte, immer statt des Rosses zu bedienen pflegte, den Zug nach Italien an.

Dort war er es, der die Teilung des kaiserlichen Heeres verhinderte, den Unterhändler des Papstes, Erzbischof von Schomberg von Capua, mit bloßem Schwerte aus dem Lager trieb und den Entschluß durchsetzte, am Tessino die Entscheidungsschlacht zu wagen.

Er war es auch, der durch sein Zureden die mit einem Solde ausgerückten und sodann ohne Löhnung gebliebenen Landsknechte zur Geduld mahnte und ihnen das Versprechen abgewann, mit nach Pavia zu ziehen. Er berief sie zu einer Gemeine und hielt folgende Ansprache:

„Liebe Brüder und Söhne! dieweil alles Kriegsvolk, Spanier und Italiener, zu Roß und Fuß, willig sind, dem Kaiser das Fürstentum Mailand wider die Franzosen zu erhalten, und ich selbst deshalben an den Ort gekommen, so versehe ich mich, ihr werdet bei mir thun, wie allewege, und wie frommen Deutschen ansteht. Wir haben einen prächtigen Feind, aber sein Volk und Hauptleute haben wir vor allewege geschlagen und verhoffen auch jetzt mit Gottes Hilfe Sieg, Ehr und Gut zu erlangen; so wollen wir auch unsere Freunde und Brüder in der Stadt Pavia erledigen; welche das thun wollen, sollen die Hand aufheben!"

Da erhoben alle Knechte und Hauptleute, im Vorgefühl der Schmach deutscher Nation, wenn sie im Eifer für leidende Landsleute hinter Ausländern zurückblieben, ihre Hände fröhlich auf und schrieen: „Er sei ihrer aller Vater, sie wollten Leib und Leben zu ihm setzen!"

Wie sie ihren Schwur gehalten, ist in dem vorigen Abschnitt ausführlich berichtet. Es war in Frundsbergs Geiste gehandelt, wenn die deutschen Landsknechte nach der Schlacht von Pavia im französischen Lager eindringend nach dem furchtbaren Kampfe „den guten Krieg" verkündeten, und allen, welche Gnade verlangten, solche gewährten. Selbst gegen die sonst so gehaßten Schweizer bewiesen sie, nach dem unverdächtigen Zeugnisse des Schweizer Chronisten Stettler, Milde; sie sicherten ihnen das Leben zu, zogen die im Tessino mit den Wellen kämpfenden Schweizer aus dem Wasser und sagten ihnen gutmütig: sie spürten wohl, daß sie heut mehr thäten, als ihnen die Eidgenossen im Fall ihres Sieges erwiesen hätten, deshalb sollten sie ins künftige dieser Gutthat eingedenk sein und im Fall eines unglücklichen Treffens der Landsknechte in gleicher Freundschaft gedenken. „Dieses war, bemerkt Stettler dazu, der rechten deutschen Nation wahre Anzeigung eines etlicher Gestalt angezündeten Feuerleins natürlicher Zuneigung in ihrem Herzen". Leider vergalten die Schweizer diese Gutthat schlecht; als sie später bei Cerisola siegten, erschlugen sie ohne Gnade alle Deutschen.

Auch was Frundsberg geleistet hatte, vergaßen der Marchese von Pescara und Bourbon; sie hielten es nicht einmal für notwendig, dem Kaiser des bescheidenen Deutschen Verdienste besonders zu melden.

In dieser Zeit dichtete Frundsberg jenes Klagelied voll tiefer Resignation, das er, wie uns sein Biograph A. Reißner erzählt, sich oft vor Tische mit vier Stimmen oder mit Instrumentalbegleitung singen ließ, „sonderlich, wenn er unter Hauptleuten und andern Gästen fröhlich war".

Mein Fleiß und Müh ich nie hab g'spart,
Und allzeit gewart dem Herren mein,
Zum Besten sein mich g'schickt hab drein,
Gnad, Gunst verhofft, doch's G'müt zu Hof
Verkehrt sich oft.

Wer sich zukauft, der lauft weit vor,
Und kömmt empor; doch wer lang Zeit
Nach Ehren streit, muß dannen weit.
Das thut mir ant (weh): mein treuer Dienst
Bleibt unerkannt.

Kein Dank, noch Lohn davon ich bring.
Man wiegt mich g'ring und hat mein gar
Vergessen zwar (wahrlich). Groß Not, Gefahr
Ich b'standen hab. Was Freude soll
Ich haben drab (darob)?

Nur der Herzog Franz von Mailand erwies sich dankbar. Er stellte dem deutschen Helden einen Ehrenbrief aus, voll der höchsten Anerkennung für Frundsbergs Thaten und Charakter, und wies ihm, da er bei seiner eigenen Armut die

Größe seiner Verdienste nicht entsprechend belohnen könne, 1600 rheinische Gulden auf die Güter ungehorsamer Edlen im Mailändischen an, bis er ihn in dauernden Besitz einer Herrschaft von gleichem Ertrage zu setzen vermöge. Mit diesem Ehrenbriefe, dem goldenen Schwerte des Großschildhalters von Frankreich und einigen interessanten Urkunden zog Frundsberg heim nach Schwaben, dem Kriegshandwerke herzlich gram, „wegen der Vertreibung und Unterdrückung der armen unschuldigen Leute, des unordentlichen und sträflichen Lebens des Kriegsvolks und der Undankbarkeit der Fürsten, bei denen die Ungetreuen hoch kommen und reich werden und die Wohlverdienten unbelobt bleiben", wie er nach Reißners Mitteilung zu sagen pflegte.

Bald bot ihm der Bauernkrieg in Schwaben Gelegenheit, in seinen Ruhmeskranz einen neuen Zweig zu flechten, da dem menschenfreundlichen Manne die Schonung von Tausenden von Menschenleben gelang.

Wahrscheinlich vertrug es sich nicht mit seinen Gefühlen, wider Evangelischgesinnte zu streiten, wider arme Bauern, denen zu lieb er ja hauptsächlich dem Kriege gram war, oder er mußte um den Gehorsam der eigenen Unterthanen fürchten. Schon war das Greuelhafte überall vollbracht; nur im Algau um Kempten, den ursprünglichen Heerd des Aufstandes, hielt noch ein starker Haufe zusammen. Unschlüssig lagerte der Truchseß von Waldburg daneben und mochte wohl in Sorgen sein, da die Bauern in drei Haufen, jeder von fünfzehntausend Mann, geschart standen und der Signalschüsse harrten, um von der Höhe herunterzubrechen. In dieser Verlegenheit kam Georg von Frundsberg zu ihm, der im nahen Mindelheim acht Fähnlein tüchtiger Knechte gemustert und auf Geheiß des Erzherzogs das Bundesheer aufgesucht hatte. Beide Feldherrn hielten Kriegsrat. Der Truchseß, gewaltthätiger in seinen Entschlüssen, gedachte jetzt im stürmischen Angriff sein Mütchen zu kühlen. Aber Frundsberg, über der Gegner Vorteil und ihre Hauptleute unterrichtet, sprach mit edler Achtung menschlichen Lebens: „Wir wollen sie nicht angreifen; es wird zu beiden Seiten viel Blut kosten, und wir würden wenig Ehre erlangen. Ich kenne die Hauptleute, welche dem Kaiser in Italien gedient haben; ich will einen andern Weg versuchen, daß die Sache zum guten Ende komme". Die Ankunft des gefürchteten Mannes, dem diejenigen feindlich gegenüber treten sollten, die er als seine Schüler und lieben Söhne zu betrachten pflegte, hatte bei den Hauptleuten bereits solche Stimmung erweckt, daß sie „des hellen Haufens" Sache aufgebend, der heimlichen Werbung ihres frühern Obristen willig Gehör liehen. Sie machten sich, wohl nicht ohne Zusicherung einer Summe Geldes, anheischig, die Bauern aus ihrem Vorteile zu locken und sie auf gute Art ohne Blutvergießen zu zerstreuen. Als das krachende Geschütz des Bundesheeres Schrecken im Lager verbreitet hatte, beriefen sie die Gemeine und sagten, sie könnten jetzt nicht angreifen, da Frundsberg zugegen sei; sie wollten eine noch sicherere Stellung suchen. Die Bauern folgten, ließen einen Teil ihres Geschützes zurück und wichen vor dem bloßen Namen Frundsberg nach Durach oberhalb Kempten. Da aber wurden sie der Täuschung inne; als Frundsberg und das Bundesheer ihnen auf der Ferse folgten und ihre Hauptleute nirgends sichtbar waren, zerstreute sich der helle Haufe und verlor sich in einer halben Stunde in die Berge, Thäler und benachbarten Wälder. Somit war ohne Blutvergießen der Aufruhr in Schwaben gedämpft.

Frundsbergs Verführung der Bauernhauptleute ist „als eines Kriegers unwürdig" getadelt worden; man könnte es zugeben, wenn nicht Schonung des Menschenlebens unter Verhältnissen, wo durch Blutvergießen nur dasselbe Ziel zu erreichen war, eine ruhmvolle Tugend eines wahren Helden wäre, zumal da jene humane Kriegsweise in einem Kriege gegen deutsche Landsleute angewendet wurde und Frundsberg der Bauern Forderung religiöser Freiheit nicht verwerfen konnte.

Aus dem beruhigten Schwaben führte Frundsberg seine Fähnlein auf Salzburg, wo der Aufstand, seit zwei Jahren unter der Asche glimmend, furchtbarer ausgebrochen war, als ein Priester lutherischer Lehre wegen gefangen war und seine gewaltsamen Befreier ihre Hilfe mit dem Tode gebüßt hatten. Der Erzbischof schloß sich mit seinem Capitel in die hohe Feste Salzburg ein.

Herzog Ludwig konnte dem bedrängten Nachbarn beispringen, da das Landvolk in Baiern, gemäßigter behandelt, als anderwärts, ruhig verblieb; als sein Locotenent gebot über das gemeinschaftliche Heer von zehntausend Mann Georg von Frundsberg. Ein schwerer Kampf stand bevor; die mutigen Bergknappen und das kräftige Volk der Alpen wurden durch erfahrene Hauptleute befehligt. Als die erste Bestürzung bei Frundsbergs Ankunft vorüber war, lagerte sich das Heer der Aufrührer auf einem Berge, zum furchtbaren Alpenkriege gerüstet; lange Baumstämme und Felsblöcke, an den Rand der Höhen gerollt, drohten zerschmetternd auf die Stürmenden herabzufallen. Herzog Ludwig war nach einzelnen Angriffen entschlossen, den Berg zu stürmen, aber Frundsberg widerriet wiederum so gefährliches Unternehmen: „es würde viel Blut kosten und ihnen keine Ehre darob zu teil werden." So zog denn der Baiernherzog vor, seine Macht mehr zu zeigen, als zu brauchen und ohne Gemetzel die Ruhe wiederherzustellen, zumal da auch der Kardinal den gütlichen Weg billigte. Mit kräftiger Überredungsgabe machte sich nun Frundsberg an das Friedenswerk und die Salzburger ließen von ihrem Trotze ab und gingen einen billigen Vergleich ein. Als einer ihrer Führer, der ehemalige Schreiber des Bischofs von Brixen, Gaismaier, mit dem Vergleiche unzufrieden, die Bauern im Etschthale zu einem Aufstande gewann, trieb ihn Frundsberg über das Gebirg aus dem Lande.

Noch einmal zog den Helden die Notlage des Heers und die Gefahr seines Sohnes Kaspar, der in Italien als Obrist von zehn Fähnlein Landsknechte zurückgeblieben war, nach Wälschland. König Franz I. hatte sofort nach seiner Entlassung aus der Gefangenschaft, unbekümmert um die geschworenen Eide, den Krieg von neuem begonnen und der Papst gab dazu seinen Segen und trat an die Spitze der heiligen Liga. Vom Erzherzog Ferdinand dringend ersucht, sammelte Frundsberg noch einmal ein Heer von 12000 Mann, wozu er sich das Geld durch Verkauf

seiner Familienkleinode, Verpfändung seines Silbergeschirrs und Beleihung seiner
Güter verschaffte, und trat nach drei Wochen den Zug nach Italien an. Glücklich
gelangte er über das Gebirge, aber trübe Ahnungen quälten den alten Helden. Doch
kehrte ihm sein fester Mut wieder; er wandte sein Sprüchwort: „Viel Feind', viel
Ehr"' häufig an und gab seiner Überzeugung Ausdruck, daß er von Gott verordnet
sei, die heilige Liga zu vernichten. Er halte dafür, sagte er, es sei vor Gott und
der Welt löblich, daß der Urheber des Krieges, des Kaisers schlimmster Feind, gestraft
und gehenkt werde, und sollte er es mit eigener Hand thun. Durch das Ausbleiben
des von dem Erzherzog versprochenen Geldes in die größte Verlegenheit gebracht,
von italienischer Tücke schwer bei Borgoforte bedroht, aber durch seine Vorsicht und
seine Entschlossenheit der ihm gelegten Schlinge entgangen, gelangte er nach Gover-
nolo am Po, wo er durch einen Meisterschuß aus einem Falkonetlein dem Giovanni
de Medici das Bein zerschmetterte, und drang mit seinem noch immer auf Sold
harrenden Heere in das päpstliche Gebiet ein. Alle an den Erzherzog Ferdinand,
seinen Kriegsherrn, und den Herzog von Bourbon gerichteten Klagen nutzten nichts.
Nahezu drei Monate hatten seine Landsknechte nicht mehr als drei Gulden Sold
nebst dem Handgelde empfangen, und doch meuterten sie nicht, weil sie auf Frundsberg volles Vertrauen setzten, der ihnen geschworen hatte, nicht von ihnen zu weichen,
ehe sie voll bezahlt seien.

Auch nach seiner Vereinigung mit Bourbon erlangte er kein Geld, da dieser
ebenso, wie Frundsberg, vom Kaiser im Stich gelassen war. Endlich bot sich eine
Aussicht, Geld zur Löhnung der Truppen zu erhalten, da Papst Clemens, der für
Florenz und Rom fürchtete, die Zahlung von 60,000 Scudi an die kaiserlichen Völker
vertragsmäßig zusicherte. Aber das Gerücht von dem Abschlusse des Vertrages,
in welchem die Räumung des Kirchenstaates zugesichert war, verbreitete sich unter
den Kaiserlichen mit dem Zusatz, sie sollten ohne allen Ersatz aus Italien wie Bettler
verstoßen werden, und ein furchtbarer Aufruhr brach im Heere aus. Spanier und
Italiener stürmten, ihre Löhnung fordernd, das Zelt Bourbons, der sich in Frundsbergs Herberge flüchtete, und reizten die Deutschen durch den Zuruf: „Lanz, Lanz,
(Landsknechte)! Geld, Geld!" zu gleichem Thun auf. Dem Zureden der deutschen
Hauptleute gelang es, die Landsknechte noch einmal zu beruhigen, aber alle Versuche,
Geld zu beschaffen, waren vergeblich. Da berief Frundsberg — es war am
16. März 1526 — die Gemeine und hielt eine ernste und warme Ansprache an
seine lieben Söhne und Brüder, in der er die Lage ungeschminkt schilderte und sie
bat, von der Empörung abzulassen und ihn und alle vor Schaden und Scham zu
verhüten. Er stellte einen Zug nach Rom in Aussicht, teilte mit, daß sich der Herzog
von Bourbon, der Prinz von Orange und alle Hauptleute mit ihm verpflichteten,
daß ihnen binnen Monatsfrist ihr rückständiger Sold gezahlt werde, und schloß mit
der Mahnung zur Einigkeit. „Er redete, daß er einen Stein sollte bewegt haben",
erzählt Reißner, aber es war vergeblich. Die erbitterten Landsknechte schrien immer·

fort „Geld, Geld", ja sie machten Miene, mit ihren Spießen auf ihre Obristen loszugehen. Da übermannte Herzeleid und Unmut die gewaltige Kraftnatur des Helden — regungslos sank er auf eine Trommel nieder, der Schlag hatte ihn gerührt; er hatte die Sprache verloren und ein heftiges Fieber brachte ihn an den Rand des Grabes. Er genas nie wieder. Nachdem er Konrad von Boyneburg an seiner Statt den Oberbefehl übertragen, ließ er sich nach Ferrara führen. Dort traf ihn die Nachricht von der Einnahme Roms, aber auch die traurige Kunde, daß sein Sohn Melchior, früher Student in Wittenberg, in Rom sein junges Leben verloren hatte, und die Meldung, daß seine Gemahlin wegen des für den Kaiser ausgelegten Geldes schwer bedrängt werde. Noch sah er auf seiner Heimreise die zur Verstärkung aus Deutschland unter des Braunschweigers Führung herbeieilenden Landsknechte, und kehrte dann in Begleitung seines ältesten Sohnes nach Mindelheim zurück, wo er am 12. August 1528, acht Tage nach seiner Heimkehr starb. Sein Sohn Kaspar, der dem Kaiser treu, wie sein Vater, diente, starb auch schon 1536 und mit dem Jahre 1586 erlosch das berühmte Geschlecht mit dem jüngeren Georg von Frundsberg. Eine volle Entschädigung für die schweren Opfer an Geld, welche der alte Frundsberg dem Kaiser gebracht hatte, ist der Familie niemals zu Teil geworden.

Unter den Landsknechten aber gedachte man treulich des „lieben Vaters" und sang noch lange das von A. Reißner ihm zu Ehren gedichtete Lied:

„Georg von Frundsberg, von großer Stärk,
Ein teurer Held, behielt das Feld,
In Streit und Fehd den Feind besteht,
In aller Schlacht er Gott zulegt die Ehr und Macht.

Er überwand mit eigner Hand
Venedisch Pracht, der Schweizer Macht,
Französisch Schar legt nieder gar
Mit großer Schlacht, den päpst'schen Bund zu Schanden macht.

Der Kaiser Ehr macht er stets mehr,
Ihr Land und Leut beschützt allzeit.
Mit großer Gefahr er sieghaft war,
Ganz ehrenreich. Man find't nicht bald, der ihm sei gleich."

Der Freund und Nachfolger Georg von Frundsbergs, der Eroberer Roms, Conrad von Boyneburg — Bemelberg heißt er bei Reißner — verdient gleichfalls unter den großen Landsknechtsführern genannt zu werden. Der 1494 geborene „kleine Heß", wie der aus einem hessischen Rittergeschlechte stammende Boyneburg seit seinem Edelknabendienste beim Würtemberger Herzog bis zu seinem Lebensende hieß, zog schon 1504 mit Ulrich von Würtemberg zum kaiserlichen Heere und kämpfte in diesem 1505 gegen Venedig. Ein treuer Diener seines Fürsten half er die Empörung der Bauern 1514 unterdrücken; als aber Herzog Ulrich Hans von Hutten ermordete, folgte er Ulrich von Huttens Aufforderung und half dem schwäbischen Ritterbunde den Herzog vertreiben. Im Kriege Sickingens gegen Trier knüpfte sich zwischen ihm und Frundsberg ein enges Freundschaftsband und 1523 überschritt er als Führer der Vorhut Frundsbergs das Wormser Joch, siegte bei Mailand, nahm

Lodi, Cremona, Genua mit ein, ward 1524 mit in Pavia eingeschlossen und focht in der Schlacht im Tiergarten tapfer mit. Damals erfolgte seine Ernennung zu Frundsbergs Generallieutenant.

Konrad von Boyneburg.
Nach „Zweihundert deutsche Männer". (G. Wigand.)

Nachdem er vor Mantua den Herzog von Urbino geschlagen hatte, zog er unter Karl von Bourbon gegen Rom. Als Frundsberg von seinem Schlaganfall getroffen wurde, übernahm er den Oberbefehl über 35 Fähnlein deutsche Landsknechte, mit denen er die Vorstädte Roms St. Spirito und Janiculum stürmte. An einer andern Stelle den Sturm versuchend ward der Generalobrist Karl von Bourbon von einer tötlichen Kugel aus Benvenuto Cellinis Rohr getroffen. Dieser hatte dem Heere die Plünderung Roms als Entschädigung für die Entbehrungen und Anstrengungen versprochen — nun trat ratlose Bestürzung ein.

Die spanischen und wälschen Kriegsobristen wollten die Stadt vor Plünderung, den Papst vor Mißhandlung schützen. Da wies Konrad von Boyneburg auf die Gefahr hin, welche die Anführer selbst liefen, wenn sie den Kriegern das gegebene Versprechen nicht hielten und den sichern Sieg aus der Hand gäben. Man übertrug ihm den Oberbefehl und erstürmte er mit dreißig Fähnlein die Sixtusbrücke unter dem Feuer der Geschütze der Engelsburg. Papst Clemens VII. unterzeichnete nun den ihm von dem deutschen Feldherrn dictierten Vertrag. Da die Deutschen nicht plündern durften und auch den versprochenen Sold nicht bekamen, brach der Aufruhr unter ihnen los, und als Boyneburg, aufgebracht über die wälsche Tücke, die selbst vor Giftmischerei nicht zurückschreckte, außer Stande, den Haß der immer wieder getäuschten Landsknechte zu bändigen, den Oberbefehl niederlegte, erlitt Rom eine fürchterliche Plünderung. Die Unthaten, welche die ewige Stadt damals erfuhr, werden als das Schlimmste bezeichnet, was seit der Völkerwanderung in einer christlichen Stadt verübt ist. Aber Barthold hebt entschuldigend hervor, daß die deutschen Landsknechte das eingewurzelte Vorurteil einer fanatisch aufgeregten Glaubenspartei trieb, während die Spanier und Italiener boshaft nur den niedrigsten Leidenschaften frönten und die Deutschen, denen sie eingestandener Maßen im Lobe der Tapferkeit nachstanden, in Freveln weit übertrafen. Der Haß der Deutschen gegen den Papst machte sich auch in kränkenden Schauspielen Luft, die der Übermut der Landsknechte auf den Straßen aufführte. Als Papst, Cardinäle und Bischöfe verkleidet durchzogen sie Rom und verspotteten das Papsttum. Ein deutscher Doppelsöldner ließ bei einem solchen Mummenschanz angesichts der Engelsburg darüber abstimmen, ob man Luther zum Papst haben wolle und die als hohe Geistliche verkleideten Landsknechte riefen jubelnd: „Luther Papst! Luther Papst!"

Schließlich mußte Boyneburg den Oberbefehl wieder übernehmen; sein Heer hielt den Papst so lange in der Engelsburg gefangen, bis der vor Monaten versprochene Sold herbeigeschafft war.

Nach vielen Beschwerden kehrte Boyneburg 1530 nach Deutschland zurück und erhielt dort zum Lohne von seinem kaiserlichen Herrn Schälklingen, Ehingen und Berg auf Lebenszeit. In dem Dienste des Kaisers und seines Bruders Ferdinand finden wir ihn 1531 und 1542 als Feldhauptmann in den Türkenkriegen, ferner im Kampfe gegen Philipp von Hessen und Ulrich von Würtemberg, in dem er bei Lauffen 1534 geschlagen und verwundet wurde, auf dem Zuge Karls V. nach Rom und Frankreich und im schmalkaldischen Kriege. Erst nach dem Frieden von Cambresis 1559 fand der vielgeprüfte Kriegsmann die verdiente Ruhe. Auf seinem Schlosse Schälklingen brachte er noch acht friedliche Jahre zu und starb dort 1567. Seine Rüstung und sein Bildnis schmücken die Ambraser Sammlung.

In hellem Glanze strahlt das Bild eines andern Landsknechtsführers, des ritterlichen Franz von Sickingen. Geboren 1. März 1481 auf der Stammburg Sickingen in der Nähe von Melanchthons Heimat Bretten, erhielt Franz, dessen ersten

Unterricht der berühmte Kanzelredner Gailer von Kaisersberg und der große Humanist Reuchlin geleitet hatten, am Kaiserhofe Maximilians seine ritterliche Erziehung. An dem Feldzuge gegen Venedig 1509 nahm er teil und erwarb sich die dauernde Gunst des Kaisers. Nach Deutschland zurückgekehrt, erachtete er es für seine Lebensaufgabe, dem Unterdrückten beizustehen und dem Schwächeren gegen den mächtigen Bedrücker zu seinem Rechte zu verhelfen.

Franz von Sickingen.
Nach „Zweihundert deutsche Männer". (G. Wigand.)

So befehdete er den Rat zu Worms, der den Notar des Bischofs an Gut und Ehre gekränkt hatte, und belagerte die Stadt. Ein kaiserliches Heer zwang ihn, die Belagerung aufzuheben, und ihn selbst traf die Reichsacht; aber das hinderte ihn nicht, bald darauf dem Herrn von Geroldseck gegen den Lothringer Herzog und den

Bürgern von Metz gegen ihren Rat beizustehen. Die Reichsacht wurde nach genauer Untersuchung aufgehoben und der Kaiser erwies sich dem Ritter besonders gnädig. Gegen Ulrich von Würtemberg, der durch Ermordung eines Hutten die Rache des Adels herausgefordert hatte, zum Feldherrn des schwäbischen Adels gewählt, zeigte er sich als Beschützer des in Stuttgart lebenden Reuchlin, dem er auch in seinem Kampfe gegen die Dominicaner in Köln Recht verschaffte, und des verfolgt umherirrenden Ulrich von Hutten, und als verlautete, daß Luther Wittenberg verlassen und sich nach Böhmen wenden wollte, bot Sickingen ihm Schutz und Schirm in seinem Schlosse an. Der Ebernburg des edlen Ritters, in der zwar nicht Luther selbst, aber dessen Freunde Bucer, Aquila, Oekolampadius Sicherheit suchten und fanden, wurde damals von Ulrich von Hutten der Name „Herberge der Gerechten" beigelegt.

„Ein Mann, in allen Stücken groß und der allgemeinen höchsten Achtung wert, ein hohes, unbesiegtes, gegen alle Wechselfälle des Lebens sicheres Gemüt. Gewichtig ist seine Rede über die höchsten Angelegenheiten, seine gewöhnliche Unterhaltung heiter; keine Spur von Stolz bei ihm. All sein Sprechen und Handeln ist leutselig. Offen, wie er ist, haßt er allen falschen Schein und eiteles Gepränge." So schrieb damals Hutten von ihm.

Einen solchen Mann, der als Haupt des schwäbischen Bundes und als Führer des deutschen Adels eine wichtige Stellung einnahm, suchte nun auch Kaiser Karl V. an sich zu fesseln. In Aachen wies er ihm den Platz zur Rechten des Thrones an und ernannte ihn zu seinem Kämmerer, Rat und Feldhauptmann. In letzterer Eigenschaft warb er dem Kaiser ein Heer von 3000 Reitern und 12000 Landsknechten gegen den König von Frankreich und drang in die Champagne ein.

An der Spitze einer solchen Macht dachte Sickingen daran, die geistlichen Fürstentümer, welche das Haupthindernis der Ausbreitung der Reformation waren, zu stürzen und begann den Krieg gegen den Kurfürsten Erzbischof von Trier, der ein Hauptkämpfer gegen die Reformation war, mit der Belagerung des festen Trier. Mutige Gegenwehr der Bürger und rasche Hülfe von dem Kurfürsten Ludwig von der Pfalz und dem Landgrafen Philipp von Hessen zwangen jedoch Sickingen zum Rückzuge. Er suchte die Unterstützung der fränkischen Ritterschaft nach und zog sich dann auf die festeste seiner Burgen Landstuhl (oder Nanstall) zurück. Die vereinigten Fürsten belagerten und beschossen die Burg, wobei Sickingen am 6. Mai 1523 tötlich verwundet wurde. Als die Fürsten am folgenden Tage in die Burg einzogen, fanden sie ihn sterbend in einem Gewölbe. Dem Kurfürsten von der Pfalz reichte er die Hand. Als ihn die andern mit Fragen und Vorwürfen bestürmten, sagte er, sie möchten ihn in Ruhe lassen; er habe jetzt mit einem größeren Herrn zu reden. Luther, dem er zu wiederholten Malen die Unterstützung des deutschen Adels angeboten hatte, rief bei der Nachricht von seinem Tode tief erschüttert aus: „Der Herr ist gerecht, aber wunderbar. Er will seinem Evangelium nicht mit dem Schwerte helfen".

Sickingens Tod hat ein Landsknecht, der selbst in Landstuhl mit gewesen ist, in einem Liede besungen, das beginnt:

„Drei Fürsten ha'n sich einst bedacht',
Ha'n viel der Landsknecht z'sammen bracht,
Vor Landstuhl hin sie zogen
Mit Büchsen und mit Kriegeswat,
Den Franzen (Sickingen) soll man loben, ja loben."

Darin heißt es von Sickingen:

„Kein beff'rer Krieger ins Land nie kam,   Er hat die Landsknecht all geliebt,
Er hat gar viel erfahren.   Hat ihn'n gemachet gut Geschirr (Bewirtung),
— — — — — — —   Darum ist er zu loben."

Kurze Zeit nach ihm fand auch Ulrich von Hutten die Ruhe im Grabe, die ihm im Leben nicht geworden war. Am 21. April 1488 in Steckelberg in Franken

Ulrich von Hutten.
Nach „Zweihundert deutsche Männer". (G. Wigand.)

geboren, war er dem Stift Fulda übergeben, um Geistlicher zu werden. Er entfloh dem Kloster, studirte in Erfurt, Köln, Frankfurt a. O. und Pavia, wurde von Kaiser Max, der ihn zum Ritter schlug, auch als Dichter gekrönt (darauf deutet der Lorbeerkranz auf seinem Bilde S. 96) und lebte ohne bestimmten Beruf bei Fürsten und Gelehrten. Sein Kampf gegen den Würtemberger, sowie seine Schriften gegen die unter der Geistlichkeit herrschende Verderbnis machten seinen Namen berühmt und gewannen ihm Sickingens Freundschaft; die letzteren zogen ihm aber auch den unversöhnlichen Haß des Papsttums zu. An einer unheilbaren Krankheit leidend, ruhelos umhergetrieben, hörte Hutten trotz aller Verfolgungen nicht auf, für Recht und Wahrheit kühn einzutreten, und er flößte durch die Schärfe seines Verstandes, die Kraft seines Willens, den Freimut, mit dem er Trug und Heuchelei, Unrecht und Tyrannei bekämpfte, selbst seinen Gegnern Achtung ein. Zu stolz, in Frankreichs Dienst zu treten, suchte der geächtete Kämpfer für Geistesfreiheit in der Schweiz eine Zuflucht und starb 1523 auf der Insel Ufnau im Züricher See mit der Hoffnung, daß Gott dereinst die zerstreuten Freunde der Wahrheit sammeln werde. Man kennt weder seinen Todestag, noch den Ort, wo er begraben liegt.

Das schönste Denkmal hat er sich selbst in seinen Schriften gesetzt, namentlich in seinem Spruche, welcher mit den Worten schließt:

·Von Wahrheit ich will nimmer lan (lassen).
·Des soll mir bitten ab kein Mann.
·Auch schafft, zu stillen mich, kein Wehr,
·Kein Bann, kein Acht, wie fest und sehr
Man mich damit zu schrecken meint;
Wiewohl mein' fromme Mutter weint,
Als ich die Sach' hätt g'fangen an:
·Gott woll' sie trösten! Es muß gahn,
Und sollt' es brechen auch vorm End'.
Will's Gott, so mag's nit werden gewend't.
Drum will ich brauchen Füß und Händ'.
„Ich habs gewagt."

Zum Schluß sei noch kurz Sebastian Schärtlins von Burtenbach gedacht. Aus einem angesehenen Bürgerhause stammend, wurde er am 12. Februar 1496 in Schorndorf geboren, studirte in Tübingen, wurde Magister, entsagte aber jung dem Gelehrtenstande, um Landsknechtsführer zu werden. Sein trotziges Wesen bezeichnet sein Spruch: „Dräuet mir einer mit der Faust, so gebührt mir, nach dem Faustkolben zu sehen; ziehet er ein Schwert, so will mir not sein, die Büchse zur Hand zu nehmen". Seine Kriegsschule machte er unter Frundsberg durch und wurde nach der Schlacht bei Pavia von Lannoy zum Ritter geschlagen, nahm von 1518 bis 1557 fast an allen deutschen Kriegshändeln teil, stand auch, wegen seiner Teilnahme am Schmalkaldener Kriege als Obrist der oberländischen Städte gezwungen Deutschland zu verlassen, eine Zeit lang in Frankreichs Solde. Er ist der bürgerliche Landsknechtsführer, der practische Geschäftsmann, der die Kunst des Finanzierens aus dem Grunde verstand und aus allen Kriegszügen mit gefüllten Taschen heimkehrte. Mit dem Kaiser söhnte er sich schon 1553 aus und starb als reicher Mann am 18. Novbr. 1577 in Burtenbach bei Augsburg.

9.
Der Landsknechte Lagerleben.

Das Bild eines daherziehenden Landsknechtsregiments in seiner ungleichen, buntscheckigen Ausrüstung und Bewaffnung, wie sie die Einzelnen aus der Väter Zeit ererbt, den Feinden abgenommen oder sich von der Löhnung gekauft, mit Spießen, Hellebarden, Morgensternen, Fausthämmern, Schlachtschwertern oder den kurzen breiten Landsknechtsdegen, welche der Bequemlichkeit halber vorn oder hinten quer über den Körper gegürtet waren, oder mit Hakenbüchsen, die Pulverflasche an der Hüfte, in den allerbuntesten und phantastischsten Trachten: — an der Spitze der Obrist zu Roß, von seinen Trabanten begleitet und seinen Hunden umsprungen, hinter ihm die Fähndriche mit hohen Fahnen mit den Spielleuten; dann der regellos singend und fluchend hinterherziehende helle Haufen und zum Schluß der bunte Troß in unabsehbarem Schweif zwischen Karren und Zeltwagen — war ein überaus malerisches. Besser, als Worte, schildert einen solchen Zug das Bild auf Tafel I., auf dem drei nach Holzschnitten von H. S. Beham von J. Th. de Bry in Kupfer gestochene Blätter in Lichtdruck nachgebildet sind. Hier sieht man zunächst auf dem untern Bilde neben dem Obristen, der in ritterlicher Rüstung voranreitet, seine Trabanten, dann eine Reihe Hakenbüchsenschützen mit Helmen und Hüten, das Spiel, den stattlichen Fähndrich mit der wallenden Fahne, Gemeinweibel ꝛc. mit Hellebarden und teils noch mit Panzer und Helm ausgerüstete, teils in phantastische Tracht gekleidete Landsknechte mit langen Spießen, hinter ihnen die Spitze des Trosses, durch einen kleinen Buben, ein Weib, einen Verwundeten und einen beladenen Esel repräsentirt. Das mittlere Bild zeigt uns den Troß mit seinem berittenen Weibel an der Spitze, eine Reihe halbwüchsiger Buben dem Zuge voran und zur Seite, im Zuge selbst Weiber mit Hunden, Affen, lebenden und todten Hühnern, mit Bündeln auf dem Kopfe oder auf dem Rücken, Verwundete, Proviantwagen ꝛc. Das obere Bild endlich stellt einen aus dem Türkenkriege mit Gefangenen und reicher Beute, wozu auch ein Kamel gehört, heimkehrenden Zug dar, in dem Heer und Troß in buntester Mischung auftritt. Einen elenden Klepper reitend schließt der Tod, von zwei Skeletten als Trabanten begleitet, den Zug.

Nicht minder bunt, wie ein solcher Heereszug der Landsknechte, der sich unbekümmert um Landstraßen und Saatfelder vorwärts bewegte und sich durch Arbeiter mit Aexten und Hacken, die Gebüsch und Bäume niederschlugen, Gräben ausfüllten ic., Bahn machen ließ, sah ein Landsknechtslager aus. Leonhard Fronsperger bringt in seinem Kriegsbuche eine große Zahl von Radierungen Jost Ammans mit Darstellungen solcher Lager — Tafel II. am Schlusse des Buchs enthält eine Nachbildung eines solchen Blattes in Lichtdruck und S. VIII. die von Fronsperger dazu gegebene Erklärung.

Troß auf dem Marsche.
Nach Jost Amman im Kriegsbuche.

War das Lager nach der Anweisung des Quartiermeisters aufgeschlagen, so begann für die Landsknechte ein im ganzen sorgloses Leben, vorausgesetzt, daß sie ihren Sold erhielten. Vier Gulden Monatslöhnung, nach damaligem Geldeswert nicht wenig, setzten sie in den Stand, sich und ihr Weib oder die Dirne, die sie mit sich führten, sowie ihren Buben zu erhalten. Mit Uebung in den Waffen und Drillen wurden sie wenig geplagt. Das Putzen der Waffen besorgte der Bube, der wohl auch für seinen Herrn ein Huhn oder eine Gans — ohne Bezahlung — aus dem nächsten Dorfe holte.

Der Sudler und seine Sudlerin.
Nach einer Radierung von Dan. Hopfer, Nachbildung eines Flötner'schen Holzschnitts.

Für die Verpflegung der Krieger war durch die Köche, „die Sudler und Sudlerinnen", welche das Heer begleiteten, Fürsorge getragen. Für sie war in dem Lager ein besonderer Platz bestimmt, wo sie ihre Speisen bereiteten. Ein Bild des Nürnbergers P. Flötner mit Versen von Hans Sachs führt uns ein solches Sudlerpaar auf dem Marsche vor. Er überläßt der Frau das Tragen der Küchengeräte, die sie in einem Ranzen auf dem Rücken schleppt. Die Unterschrift lautet:

Sudler und Sudlerin.

Aus Friesland rauschen wir daher,
Nach Braunschweig steht unser Begehr,
Ob wir im Heer da möchten sudeln,
Mit Braten, Backen, Sieden, Sudeln,
Mit Kühen, Säuen, Lämmern, Gänsen,
Mit Würsten, Kraut, Gekröse, Wensen (Magen?),
Auf daß ich und mein Sudelkoch
Bei'n Knechten möchten bleiben noch.   Hans Sachs.

Dafür, daß es an Fleisch, Brot, Wein nicht gebrach, sorgten die Krämer und Marketender, die mit ihren Waren im Lager selbst feil hielten, und die Proviantmeister mit ihren Fourieren. Holz, Stroh, Lebensmittel mußten die Ortschaften der Umgegend beschaffen, von allen Seiten wurden Herden von Schlachtvieh herbeigetrieben, rollten die Wagen der Händler nach dem Lager. Denn wenn die Landsknechte Geld hatten, war bei ihnen viel Geld zu verdienen, sei es, daß sie sich neu ausstaffierten mit Sammt und Seide zu Kleidern und kostbaren Federn zum Schmuck des Hutes, oder daß sie Maultiere, Pferde, goldene Ketten und bunte Röcke für ihre Weiber kauften oder ihre Beute, für die sie keine unmittelbare Verwendung hatten, an die Händler für geringen Preis losschlugen. Jost Amman giebt uns in Fronspergers Kriegsbuche die Abbildung eines Marketenders oder Merkadanten, der in einer hölzernen Kiepe, welche er auf dem Rücken zu tragen pflegt, allerlei feil hält, Perlenketten und Tücher, Schmuckfedern, Beutel, Pulverhörner ꝛc.

Von diesen Leuten dichtet L. Fronsperger:

Wir Markadenter und Kaufleut
Ziehen dem Lager nach allzeit:
Daß das Lager versehen sei,
Deshalb hält man uns Schutz gar frei.

Im Lager war ihnen, wie den Sudlern, ein besonderer Platz angewiesen, der Marktplatz, der durch den Galgen, an welchem man betrügerische Händler hing, kenntlich gemacht war. Die Aufsicht über den Marktplatz hielt der Profoß, der die Taxe für die zu verkaufenden Waaren festsetzte und die Marktpolizei verwaltete. Es ist auf S. 27 erwähnt, in welcher Weise er für diesen Zweig seiner amtlichen Thätigkeit von den Händlern, Sudlern ꝛc. entschädigt wurde. Das Bild von Jost Amman auf Seite 103 stellt ihn dar, wie er, von seinen Trabanten begleitet, über den Marktplatz reitet.

Marketender.
Nach Jost Amman im Kriegsbuche.

So war in umfassender Weise für die Verpflegung des Heers gesorgt. Und das war auch nötig, denn die Landsknechte waren gewohnt, sich zu ihrer Kriegsarbeit durch Befriedigung ihrer Eß- und Trinkluft zu stärken, und weigerten sich, mit fastendem Magen in den Kampf zu gehen. Diese materielle Neigung der Deutschen gab den Schweizern zu dem Spottvers im Dornecker Liede Veranlassung:

Da schlugen die Schwaben ein' Küche auf,
Die Häfen (Töpfe) thäten sie schäumen,
Und als es ward um Desperzeit,
That man die Küche räumen.

Nicht selten aber kam es auch vor, daß in dem Lager der Landsknechte Mangel eintrat. Das war namentlich der Fall, wenn das Heer gezwungen war, lange Zeit auf demselben Platze zu verweilen, und nachdem die Umgegend völlig ausgesogen war, die Zufuhr von fernher stockte, oder wenn, wie das nicht selten vorkam, der Sold wochen·, ja monatelang ausblieb. Dann rächte sich die Verschwendung, die man zuerst mit den Lebensmitteln getrieben hatte, dann durchschlich wohl das Gespenst des Hungers das Lager und die Not klopfte an die Hütten und Zelte, in denen die Landsknechte hausten; ja es brachen wohl Seuchen aus, welche die Reihen der Landsknechte lichteten. Mehr als einmal kam es in solcher Lage des Heeres zu Meutereien und Aufständen, welche selbst durch die größte Strenge nicht immer niedergehalten werden konnten.

Der Profoß auf dem Markte.
Nach Jost Amman im Kriegsbuche.

Aber alle Not war vergessen und in ungezügelter Lebenslust gaben sich die Landsknechte dem Lebensgenusse hin, wenn die ersehnte Löhnung ankam und mit ihr das Heer der Händler, welches seit dem Eintreten des Geldmangels verschwunden war, oder wenn die belagerte Stadt sich ergab und ihnen vertragsmäßig eine angemessene Summe zahlte, um der Plünderung und Niederbrennung zu entgehen, oder endlich, wenn nach Erstürmung einer Stadt unter Schonung des Lebens der Einwohner die Plünderung gestattet wurde, oder nach einer gewonnenen Schlacht reiche Beute den frommen Landsknechten zufiel.

Die Saumsal in der Zahlung des Soldes gab zu zahlreichen beißenden und witzigen Einfällen Anlaß, von denen uns Zinkgref in seiner „klug ausgesprochenen Weisheit" einige überliefert hat. Er erzählt: „Ein Rottmeister erlangte von seinem Hauptmann Erlaubnis heimzureisen auf zwei Monat, blieb aber achtzehn Wochen aus. Als er sich nun wieder bei der Fahne eingestellt hatte und vom Hauptmann gestraft werden sollte, daß er nur zwei Monat Erlaubnis gehabt hätte und gleichwohl achtzehn Wochen ausgeblieben wäre, verantwortete er sich also: Er hätte vermeinet, der Monat hielte neun Wochen, weil man ihm und seinen Rott- und Spießgesellen beim Zahlamt den Monat also gerechnet habe."

Nicht weniger lustig ist eine zweite Geschichte desselben Schriftstellers in seinen scharfsinnigen Sprüchen der Deutschen, welche lautet: „Ein Kriegs-Commissarius (Musterherr) wollte bei einer Musterung einen nicht vor denjenigen, dessen Namen er gelesen, passiren lassen, sondern sagte: „Er wäre nicht derselbe, denn der hätte in letztvergangener Musterung eine Zahnlücke gehabt." Da trat der Hauptmann vor und sprach: „Ihr seid so lange mit der Zahlung ausgeblieben, daß dem Kerl unterdessen der Zahn wieder gewachsen ist."

Die Not, in welche die Landsknechte durch das Ausbleiben des Soldes oft versetzt wurden, läßt es gerechtfertigt erscheinen, wenn die Ankunft des Geldes von ihnen mit großem Jubel aufgenommen wurde. Ein Lied mit der Überschrift: „Der mit dem Geld wird kommen" giebt dieser Stimmung Ausdruck. Es lautet in seinen beiden ersten Strophen:

„Frisch auf, ihr lieben G'sellen!
Ein' neue Zeitung gut
Hab ich euch sagen wöllen,
Nehmt euch nur guten Mut!
Ich hab für g'wiß vernommen,
Der mit dem Geld wird kommen
Mit einer großen Summen,
Das wird uns bringen Frommen.

Laßt uns nun fröhlich singen
Wegen der Botschaft gut,
Und dem zu Lohn eins bringen,
Der's uns verkünden thut.
Ich riet zu diesen Dingen,
Daß wir entgegen gingen
Und den freundlich empfingen,
Der uns das Geld thut bringen."

Noch größere Bedeutung, wie die Ankunft des Pfennigmeisters mit dem Solde, hatte aber sicher die Meldung von der Übergabe einer Stadt, vor der die Landsknechte Wochen lang gelegen hatten. Wenn sich die Thore öffneten und in langem Zuge, die Oberhäupter voran, die angesehensten Bürger sich naheten, um die Schlüssel der Stadt zu übergeben, so stand den Landsknechten eine reiche Entschädigung für ihre Mühen und Entbehrungen in Aussicht. Kam es doch vor, daß bei der Übergabe ausbedungen wurde, daß nicht allein das Kriegsvolk, sondern auch sämmtliche Einwohner mit weißen Stäben abziehen oder doch die belagerten Krieger ihren Abzug mit Zurücklassung alles Silbers und Goldes, des Geschmeides und Geschirres erkaufen oder Lösegeld zahlen mußten, das nach Fronspergers Angabe, der auch für diesen Fall Vorschriften enthält, in der Regel den vierten Teil ihres Vermögens, oder, wenn sie vermögenslos waren, einen Monatssold nicht übersteigen sollte. In allen diesen Fällen, sowie, wenn die Stadt vertragsmäßig eine Summe zahlte, um geschont zu werden, wurde den Landsknechten meist eine besondere Geldspende zu teil.

Übergabe der Schlüssel einer Stadt.
Nach Jost Amman im Kriegsbuche.

Aber noch reicher war meist der Ertrag nach der Erstürmung einer Stadt oder nach einer Schlacht, wenn die Landsknechte auf Beute gehen durften. Die ursprüngliche Bestimmung, wonach Hauptleute und Fähndriche Anteil an der Beute jedes einzelnen aus ihrem Fähnlein verlangen durften, wurde nach der bedeutenden Verbesserung ihres Soldes abgeschafft, und die Artikelbriefe enthielten meistens die Bestimmung, daß jeder Landsknecht die Beute behalten durfte, die er gemacht hatte.

Doch kam es auch vor, daß nach Verabredung die Beute als Gemeingut bezeichnet und von einem Beutemeister gleichmäßig verteilt wurde.

Plünderungsscene.
Nach Jost Amman im Kriegsbuche.

Eine wilde Beutescene stellt J. Ammans Bild dar. In der brennenden Stadt sehen wir die Landsknechte beim Plündern. Vorn erbrechen und durchwühlen drei Landsknechte gierig Truhen und Koffer nach Schätzen, hinten bringt ein vierter einen Ballen geschleppt, ein fünfter zeigt lachend eine erbeutete goldene Ehrenkette, im Hintergrunde treibt wieder ein anderer zwei Kühe vor sich her, während im Mittelgrunde einer sich auf ein erbeutetes Roß geschwungen hat und ein Kalb am Stricke mit sich fortzieht. Nach der Einnahme reicher Städte, wie z. B. Genuas, in dessen reichen Kaufläden man die Landsknechte Sammt, Seide und Tuch mit der längsten Elle, dem Spieße, abmessen sah und wo kaum die wunderthätige Schale, der heilige Gral, bei der Plünderung der Kirchen verschont wurde, oder der des üppigen

Rom, auch nach glücklichen Schlachten kam es wohl vor, daß ein Einzelner Beute im Werte von Hunderten von Gulden machte.

Nach der naiven Anschauung jener Zeit war das „Beuten" ein Recht der Sieger, ein erlaubter Erwerb. Darum heißt es im Liede:

> „Gottlob, ihr werten Kriegsleut'
> Und streitbar'n Helden gut,
> Den Sieg ha'n wir erhalten heut,
> Habt nur ein' guten Mut.
> Raubt und beutet, was jeder find't,
> Doch teilt fein friedlich aus,
> Damit ihr Eltern, Weib und Kind
> Was schickt oder bringt nach Haus."

Daß die gemachte Beute mit nach Hause gebracht wurde, war aber nicht die Regel. Nach einem alten Spruche muß ein Landsknecht drei Kriegszüge thun, ehe er ein ehrlicher Mann wird. Vom ersten Zuge soll er mit zerrissenen Kleidern nach Hause kommen; vom zweiten mit einer Narbe auf der Backe, dem Landsknechtszeichen, und viel von Stürmen, Schlachten und Scharmützeln reden; vom dritten aber wohlgeputzt auf einem hübschen Gaule und einen Beutel voll Geld mitbringen, daß er ganze Kronen als Beutepfennig austeilen kann.

Bei vielen hieß es: „Wie gewonnen, so zerronnen!" Nach den Entbehrungen, die sie erduldet, nach den Aufregungen der Kämpfe fühlten sie das Bedürfnis, sich zu ergetzen und zu zerstreuen.

In solcher Stimmung ist wohl das Lied „Der Schlemmer" entstanden, das in den mannigfachsten Veränderungen im 16. Jahrhundert vorkommt. Es lautet:

> Steck an den Schweinebraten,
> Dazu die Hühner jung,
> Darauf wird uns geraten
> Ein frischer freier Trunk.
> Trag her den kühlen Wein
> Und schenk uns tapfer ein;
> Mir ist ein' Beut' geraten,
> Die muß verschlemmet sein.
>
> Drei Würfel und ein' Karte,
> Das ist mein Wappen frei,
> Sechs hübsche Fräulein zarte,
> An jeder Seite drei.

> Rück her, du schönes Weib!
> Du erfreust mir's Herz im Leib,
> Wohl in dem Rosengarten
> Dem Schlemmer sein' Zeit vertreib.
>
> Ich bind mein Schwert an d'Seiten
> Und mach mich bald davon,
> Hab ich dann nicht zu reiten,
> Zu Fuße muß ich gohn.
> Es ist nicht allzeit gleich,
> Ich bin nicht allweg reich.
> Ich muß der Zeit erbeiten (abwarten),
> Bis ich das Glück erschleich.

Essen und Trinken bis zum Uebermaß war eine allgemeine Untugend der Deutschen in jener Zeit. Konnte man es den Landsknechten verdenken, wenn auch sie mit Schlemmen und Prassen das rasch erworbene Geld wieder vergeudeten?

Namentlich im Zechen leisteten sie Großes und darin gingen ihnen die meisten ihrer Führer mit leuchtendem Beispiele voran, denn allgemeiner, als das Laster des

Saufens, war unter den Landsknechten kaum das des Spielens und Fluchens, und doch ist ihr Fluchen und ihre Spielwut sprichwörtlich geworden.

Mit derselben Gleichgiltigkeit, mit welcher sie täglich Leib und Leben wagten, setzten die deutschen Landsknechte ihr Hab und Gut auf die Gunst des Zufalls. Es schien fast, als ob innerer Hang zu Gefahren sie trieb, die lästige Muße des Feldlagers durch solches kecke Herausfordern des Zufalls erträglicher zu machen. Namentlich in der größten Bedrängnis frönte man der aufregenden Beschäftigung. So verlor Sebastian Schärtlin vor Neapel in einer Stunde fünftausend Dukaten, also ein großes Vermögen, und „der kleine Heß" gewann dem Prinzen Philibert von Oranje vor Florenz alles Geld ab, was dieser zur Besoldung des Kriegsvolks vom Papste erhalten hatte. Bekanntlich führt noch heute ein Glücksspiel mit Karten den Namen „Landsknecht".

Lagerleben.
Nach Jost Amman im Kriegsbuche.

Die Lust am Glücksspiel hatte besondern Reiz, wenn es in verbotener Stunde oder an verbotenem Orte geübt wurde, und der Aberglaube trieb die Spieler zu allerlei wundersamem Glücksspielmysticismus.

Häufig genug entspann sich aus dem Glücksspiel mit Karten oder Würfeln ein blutiger Streit, sei es nun, daß der Gewinner des falschen Spiels verdächtig schien oder der Verlierer von Verzweiflung und Wut über seinen Verlust erfaßt wurde. J. Ammans Bild (Seite 110) zeigt uns deshalb neben drei bei vollen Fässern gelagerten Spielern im Vordergrunde zwei andere im vollen Streit. Die Trommel, auf der sie gewürfelt haben, ist umgestürzt und beide hauen mit den Schwertern aufeinander los. Die dritte Phase ist weiter hinten zu sehen. Den Sieger führen die Steckenknechte zum Profoßen, den Unterlegenen tragen zwei Spießgesellen zum Feldarzt, jenen zur Bestrafung, diesen zur Heilung.

Von dem Feldarzte, der nur selten mehr, als ein Bader, von der Heilkunst verstand, wurde der Verwundete dann verbunden. Wie häufig, trotz aller Verbote, in dem Lagerleben solche blutige Schlägereien vorkamen, geht aus dem Bilde J. Ammans hervor, auf dem die Entstehung der Kopfwunde, welche vorne vom Feldarzt verbunden wird, durch einen Zweikampf im Lager im Hintergrunde angedeutet wird. Von dem Feldarzte heißt es im Liede:

"Ein Wundarzt hat drei Ungesicht:
Wird erst für Gott gehalten;
So oft ein Schaden rütt't und sticht,
Kommt er in Engelsgestalten;
Wenn man ihn aber zahlen soll,
Undank thut bald sich finden.
Wollt, daß ihn Dieser und Jener (der Teufel) holt
Oder müßt gar verblinden."

Die letzten Verse erinnern an ein anderes Laster, das unter den Landsknechten heimisch war — das entsetzliche Fluchen. Ihre Beteuerungen und Eidschwüre, mit denen sie überaus freigebig waren, waren meist ebenso bizarr, wie ihre Trachten. Schärtlin schwur „Potz blau!", ein anderer „Potz hunderttausend Sack voll Enten", ein dritter bei allen Gliedern Gottes, und Verwünschungen und Gotteslästerungen der gröbsten Art verbrämten die Unterhaltung. „Er flucht, wie ein Landsknecht" — gilt noch heute als die Bezeichnung einer Kraftleistung auf diesem Gebiete.

Je lockerer die Sitten der Landsknechte wurden, um so größer wurde in den Landsknechtsheeren die Zahl der Gesellen, welche sich gar nicht um des ehrlichen Kampfes willen an das Heer anschlossen, sondern im Trinken, Spielen, Balgen, Plündern und Rauben ihre Lebensaufgabe erblickten.

„Federhansen" (wegen der großen Federn, mit denen sie prahlerisch ihre Hüte schmückten), „Wölfe" (wegen ihrer Raublust), „Spitzknechte" (wegen ihrer Spitzbübereien), „Eisenbeißer" (Eisenfresser) nennt Fronsperger, der sich über diese Auswüchse des frommen Landsknechtstums schwer ereifert, diese Leute.

Feldarzt und Feldscher.
Nach Jost Amman im Kriegsbuche.

„Sie sind, schreibt er, die allerärgsten Schälke, so unter einem ganzen Haufen sein mögen, halten und rotten sich zusammen, prassen, schlemmen, demmen und verspielen ihre Besoldung bei zeit, schlagen sich dann bei andern ehrlichen Gesellen zu. Wo man ihnen den Kragen nicht füllt, suchen sie durch Spiel und Balgen einen oder mehr zu überrumpeln, geben einem etliche Streiche, sprechen dann erst: „Wehr' dich!" Die andern, so mit ihnen zuvor Losung gemacht, nehmen parteiisch Friede, lassen, wenn sie wollen, Streiche geben oder halten auf, geben dann falsche Kundschaft (falsch Zeugnis), lügen und trügen, richten Practiken an, laufen und rennen, daß sie die Sachen vertragen, damit sie wieder zu fressen, saufen und schlemmen bekommen. Muß dann der Unschuldige das Gelag (die Zeche) bezahlen, etwa dazu krumm und lahm, den Spott dazu zum Schaden haben.

Dieser Spitzknecht, Eisenbeißer oder Lotterbuben Gebrauch, Art und Sitten sind im Grund nichts wert. Sie sind unter einem Haufen Landsknecht sonderlich wohl zu erkennen. Denn anfänglich sind sie große Federhansen, haben große Federbüsche auf den Hüten und Baretten, haben, wo sie sind, groß Geschrei mit Spielen und Fluchen vor andern zu merken und lassen sonst niemand zu Worte kommen oder etwas gelten; vermeinen die allerbesten zu sein, geben einander Zeugnis von großen Stürmen und Schlachten, da doch ihr keiner ist dabei gewesen. Wo sie keinen Herrn haben, laufen sie auf dem Bettel und stehlen, was sie ergreifen können. Im Ziehen (auf dem Marsche) durchstreifen solche Gesellen alle Dörfer und Häuser. Da kann kein Armer oder Biedermann ein Hühnlein für sich behalten, sie stehlens hinweg, denn sie haben Geld und Besoldung verpraßt, verspielt, verzecht; zwingen also die armen Leute, daß sie ihnen müssen geben und auftragen, auch wenn sie selbst mit Weib und Kind in Haus und Hof nichts haben, und schlagen sie dann zum Haus, flecken oder Dorf hinaus, stecken ihnen sogar das Haus mit Feuer an und thun solches in Freundesland meistens mehr, als bei den Feinden. Dort sind sie auch die allerfreidigsten (kühnsten) Kriegsleute, als wollten sie jedermann fressen. Aber gegen den Feind bringt sie niemand; da stellen sie sich krank und dergleichen, damit ihrer verschont und vergessen wird. Solche alte Hunde sind schwer zu bändigen. Wenns an ein Treffen geht, gehen sie nicht hinan, — weit davon ist gut für den Schuß, — verstecken sich, werden alte Kriegsleute daraus." Fronsperger giebt deshalb den Rat, solche Räumauf, Kistenfeger und Spitzbuben mit Spott und Schande aus dem Lager zu weisen.

Einen solchen Eisenbeißer läßt Thomas Murner in der „Schelmenzunft" sprechen:

    „Ich bin der Eisenbeißer Knecht,
    Der weit und breit groß Lob erfecht.
    Land und Leute hab' ich bezwungen,
    Doch thu ich fast all's mit der Zungen.
    Wer jetzt will sein ein redlich' Knecht
    Und kann die großen Schwür nicht recht:
    „„Potz Marter, Wunden, Velten, Kyrein!""
    Der nimmt kein'n Doppelsold nicht ein.
    Wenn jetzt ein Schelm viel fluchen kann,
    Bald setzt man ihn zu ei'm Hauptmann."

Und weiter sagt derselbe Th. Murner von ihm:

    „Der Eisenbeißer kenn' ich mehr,
    Die kräftiglich ein ganzes Heer
    Bei einer Zeche ha'n erschlagen
    Und ward kein Toter weggetragen."

10.

Landsknechtstrachten.

Landsknecht aus dem Anfang des XVI. Jahrhunderts.
Nach einer Federzeichnung aus A. Dürers Schule.

„Als sich — erzählt Zinkgref in seinem mehrfach erwähnten Buche — etliche vom Adel und andere Hofleute beklagten, daß die Landsknechte (deren Orden erst unter Kaiser Max aufgekommen, an welcher statt man zuvor mit den Landleuten in Deutschland kriegte) der reichen Beute halber sich sogar in gülden Stücken, Sammet und Seiden übertrügen und dem Adel gleich gekleidet gingen, mit Begehren, daß ein solches Übermaß hinfort durch ein Kaiserlich Verbot öffentlich abgestellt würde, soll ihnen der Kaiser darauf lachend geantwortet haben: „Ach, was närrische Bekümmernis ist das? Gönnet ihnen doch für ihr unselig und kümmerlich Leben, dessen Endschaft sie stündlich gewärtig sein müssen, ein wenig Freude und Ergetzlichkeit. Sie müssen oftmal, wenn ihr hinten stehet, sich vorne die Köpfe zerstoßen. Es ist der Speck auf der Falle, damit man solche Mäuse fängt. Seid ihr zufrieden und lasset sie machen, wenn ihre Hoffahrt aufspringt. Sie wagen gemeiniglich all ihr Gut und währet nicht länger, denn von der Vesper bis die Hühner auffliegen." So war von dem Schöpfer des Landsknechtswesens selbst die Berechtigung des Kriegsvolks zu Kleiderpracht anerkannt, und da jeder einzelne Mann in Stoff, Farbe und Form die unbeschränkteste Wahl hatte, so entwickelte sich ein solcher Formenreichtum, daß schon um deswillen das Landsknechtswesen für Künstler und Culturhistoriker von besonderm Interesse ist. Ein Beschluß des Augsburger Reichstags sorgte dafür, daß den Landsknechten diese Freiheit, sich nach ihrem Belieben zu kleiden, nicht verkümmert wurde.

In der Zeit ihrer Entstehung fanden die Landsknechte enge Ärmel und festanliegende Beinkleider vor. So tragen auf einem Bilde von M. Zasinger aus dem Ende des 15. Jahrhunderts alle mit Ausnahme des Trommlers am Körper enganliegende, an den Ärmeln verzierte Wämser, ganz enge, kaum den halben Oberschenkel bedeckende Hosen und bis an das Knie oder auch bis an die Hälfte des Oberschenkels reichende Strümpfe, die bei dem Fähndrich in der einfachsten Weise, nämlich mit kreuzweise durchgezogenem Bindfaden an der Hose befestigt sind. (Taf. III.)

113

Auch auf einem Holzschnitte von Lucas von Leyden, den J. Wessely in seinem Werke über die Landsknechte wiedergegeben hat, sind die Costüme der fünf Landsknechte fast durchweg von großer Einfachheit und nur die Federhüte zeugen von Luxus. Die eine Figur, der hinterste — wie es scheint, in etwas unsicherem Zustande befindliche — Landsknecht in Wams und anliegender Hose weist sogar ein völlig zerrissenes Costüm auf. Handgroße Öffnungen an beiden Knien liefern den Beweis, daß er seine Kleider nicht geschont hat. Vielleicht ist in solchen Löchern die erste Veranlassung zu der Mode der geschlitzten oder zerschnittenen Kleidung zu suchen, indem man aus der Not eine Tugend machte und die durch Risse entstandenen Löcher zu regelmäßig ausgeschnittenen Öffnungen in den verschiedensten Formen umwandelte. Sie erschienen als Vierecke, Dreiecke, Sterne, Kreuze oder als Blätter, Blumen, Arabesken ꝛc. Dazu traten Ärmel von teilweise ungeheuerlicher Weite oder mit Puffen oder buntem Besatz geschmückt.

Landsknecht mit gelösten Kniegürteln.
Nach Franz Brunn.

Dabei nahm man keinen Anstand, jeden Ärmel, jedes Bein anders zu verzieren, oder wohl gar das eine Bein fast nackt zu tragen, um das andere um so reichlicher zu behängen. Da es, jedenfalls mit Rücksicht auf die freiere Bewegung, üblich war, beim Stürmen die Kniegürtel zu lösen und die Strümpfe herabhängen zu lassen, wie das nebenstehende Bild zeigt, so war es eine Zeit lang Mode, mit herabhängenden Strümpfen aufzutreten, und wir wissen aus den Erzählungen französischer Zeitgenossen, daß selbst am französischen Hofe diese Mode von den deutschen Landsknechten festgehalten wurde, wie denn zur Zeit der Katharina von Medici deutsche Hauptleute im Louvre mit einem nackten und einem bizarr costümierten Beine erschienen.

Was kümmerte es die Landsknechte, daß mit diesen Zerschlitzungen die Kleidung nicht mehr den nötigen Schutz gegen die Witterung bot, auch das Schicklichkeitsgefühl durch die sich zeigenden Nacktheiten verletzt wurde. Letztere zu verdecken, ohne doch die zerschlitzten Kleider aufzugeben, legte man leichtes Unterfutter in recht schreienden Farben unter und so entstanden die Pluderhosen, eine Mode, welche von Stutzern in solcher Weise nachgeahmt wurde, daß sich die Geistlichen veranlaßt sahen, von der Kanzel herab, wie in Schriften gegen diesen Unfug zu kämpfen. Die berühmteste der gegen die Pluderhosen gerichteten Schriften ist des Hofpredigers Musculus in Berlin „Vermahnung und Warnung vom zeluderten, zucht-

8

und ehrverwegenen Hosenteufel." Dies Werk ist von so großem culturgeschichtlichen Interesse, daß ein Auszug aus ihm hier wohl am Platze ist.

Als die erste Sünde des pludrigen Hosenteufels, die Sünde wider die Natur, führt Musculus an, daß die kurzen Röcke und weiten Hosen vom Körper mehr enthüllen, als verbergen. Beim Sündenfalle hätten sich Adam und Eva geschämt und sich mit Feigenblättern verhüllt, aber jetzt regiere ein boshafter und unverschämter Teufel die jungen Leute, daß sie sich durch solche Pluderhosen weit mehr entblößen vor Gott, Engeln und Menschen, als wenn sie nackend gingen. Die andere Sünde des lumpenden Hosenteufels findet er in dem Vergehen wider Gott, seine Einsetzung und Ordnung. Gott habe Adam und seinem Weibe Röcke von Fellen gemacht und sie ihnen angezogen, und gar fleißig werde sich Adam mit dem Pelze bedeckt haben. Die Pluderhosen aber gäben mit ihrer Entblößung Ärgernis und seien also wider Gottes Ordnung, und es sei wohl zu fürchten, daß Gott, durch die Pludertracht zum Zorn bewegt und gereizt, heute oder morgen den Türken in's Land schicke, daß er den Deutschen die Beine so zerhaue und zerfetze, wie die Hosen zerflammt seien. Und das wäre eine wohlgegönnte Strafe über die zerhaderten Lumpen und bübischen Hosen, wenn nur Gott der Unschuldigen schone. Gott wolle sich unserer Nachkommen erbarmen, welchen wir ein solches Bad zurichten! „Man sagt fürwahr, fährt er fort, daß in diesem Jahre eines großen (vornehmen) Mannes Sohn, welchen ich seiner Würde und Hoheit halber nicht nennen darf, sich hat drei Lätze an solche Pluderhosen machen lassen, daß mich Wunder nimmt, daß einen solchen Menschen nicht die Erde verschlungen hat. Was auf solchen unmenschlichen Mutwillen folgen will, weiß Gott. Ich besorge, zeitliche Strafe sei zu geringe, Gott werde es mit der Strafe des jüngsten Gerichts heimsuchen." Zum dritten giebt er den jungen Leuten zu bedenken, wie sie so ganz vergeßlich an Gott und ihre Taufe, meineidig und zu Buben werden, indem sie böse Lüste im Herzen tragen und auch äußerlich mit der Kleidung erweisen und Jedermann vor Augen stellen, Gott zuwider und dem Nächsten zum Ärgerniß. Denn wozu hätten sie sonst die Hosen so zerludern lassen, als zur Anreizung der armen unschuldigen Mägdelein? Darum geschehe ihnen recht, wenn sie die Hosenteufel von dem Angesichte Gottes zur ewigen Verdammnis reißen und ihnen die Schenkel mit höllischen Flammen anzünden. Die vierte Sünde des unverschämten Hosenteufels findet er in dem Zuwiderhandeln wider das vierte Gebot und den Gehorsam gegen die Eltern. Mit langen Röcken und zugethanen Kleidern seien die Vorfahren gegangen. Wenn jetzt die Eltern aufstehen und an ihren Nachkommen solche Hosen sehen würden, dann würden sie ihre Kinder verfluchen: erstlich wegen des Übelstands, dadurch sie sich zu Unmenschen machen, zum andern wegen des Ärgernisses, und zum dritten wegen der Unkosten, daß jetzunder ein junger Gelbschnabel mehr Geld zu einem Paar Hosen haben muß, als sein Vater zum Hochzeitsanzuge. Musculus führt an, daß jetzt 20, 30 oder 40 Ellen Karteck (Seidenfutter) gewöhnlich seien, (freilich würden die Schneider auch ihr Teil davon behalten) ja ein Landsknecht habe sich lassen 99 Ellen unterfuttern, und als er gefragt sei, warum er denn nicht habe 100 genommen, habe er geantwortet: Neunundneunzig sei ein langes Wort und gut landsknechtisch, hundert aber sei kurz und nicht so prächtig zu reden. Wie könne Gott nur solchen Mutwillen leiden und zusehen, da er doch im alten und neuen Testamente viel geringere Sünde gestraft habe? Wenn er jetzt so langmütig so große Untugend dulde, so sei das wohl darum, weil unsere Sünden zu groß seien, als daß sie mit zeitlicher Strafe bezahlt werden könnten, und Gott seinen Zorn aufspare bis zum jüngsten Tage, an dem er um so grimmiger vergelten werde, was er uns jetzt auf das Kerbholz borge. Die fünfte Sünde des zerflammten Hosenteufels ist die wider Gewohnheit, Gebrauch und Recht aller Völker auf Erden. Selbst die Leute in den heißen Ländern, welche der großen Hitze halber nackend gehen, trügen Schürzen von schönen Federn, selbst die verachteten Wenden geringen Standes trügen wenigstens einen Schurz, alle anderen Nationen, Wälsche und Spanier, Franzosen, Polen, Ungarn, Tartaren und Türken trügen lange Kleider, allein Deutschland habe der unverschämte Teufel ganz besessen und umgarnt, so daß die Deutschen in ihrer Kleidung nicht mehr Ehrbarkeit, Zucht und Ordnung hätten, als eine Mücke auf dem Schwanze wegtragen könne. Schon einmal habe Gott wegen der Zuchtlosigkeit der Menschen eine Sintflut über die Menschen hereinbrechen lassen und doch sei deren Sünde nur ein Kinderspiel gegen das Tragen der Pluderhosen gewesen. Und wenn Gott auch nicht den Deutschen eine Sintflut um deswillen schicke, so erinnere er doch durch seinen Regenbogen, der die Farbe des Feuers aufweise, an das Feuer des Weltgerichts, an dem er auf einem Haufen mit ewigem Zorn alles, was er lange gespart, bezahlen werde. Verziehe aber Gott noch eine Weile — obwohl bereits zu grob gesündigt werde, als daß es Gott noch lange werde dulden können — so sei zu besorgen, daß die Deutschen noch ganze Tücher und Karteken um die Beine hängen oder gar noch unflätigere Tracht erdenken werden, damit sie Gottes Zorn und die Hölle nur zu wohl verdienen. Wider unsere jetzige Religion und Lehre des heiligen Evangelii ist die sechste Sünde des höllenflammigen Hosenteufels gerichtet. Nicht unter dem Papsttum, nicht in den katholischen Städten und Ländern, sondern in den evangelisch oder lutherisch genannten Städten seien die Pluderteufel, diese erschrecklichen Meerwunder, am häufigsten zu sehen, wie denn der Teufel nicht gern an unreinen und wüsten Orten, sondern in geschmückten und mit Besen gekehrten Häusern wohne und allzeit da seine Kapelle baue, wo Gott seine Kirche hat. Alle die, — es seien Landsknechte, Edle, Hofleute oder noch Vornehmere —, die sich mit solchen Teufelshosen bekleiden, nennt der eifernde Prediger „des neuen aus dem allerhintersten Ort der Hölle herfürkommenden Hosenteufels geschworene und zugethane Gesellen und Hofgesinde, durch welche der Teufel das hohe und teure Wort Gottes verunreinigt, das heilige Evangelium und Sakrament verunehret, zum Ärgernis, bösen Geschrei und Übelnachreden setzt und bringt, daß sich die Feinde des Herrn Christi und seiner Lehre daran stoßen, ärgern und schließen, daß nicht möglich sei, man singe, sage oder schreibe von dieser Lehre wie und was man will, daß sie von Gott sei." Wenn er jetzt junge Leute auf der Straße, dem Markte, in der Kirche sehe, wisse er nicht, ob er Menschen oder Meerwunder vor sich habe, so gräulich verkleidet, zerhackt und mit Lumpen und Hadern behängt seien sie. Sie sagten freilich: Kleider verdammen nicht! und das sei wahr. Sie machen auch nicht selig; das sei auch wahr. Aber das Sprichwort sage: An den Federn kennt man den Vogel! und ein weiser Heide habe davon geschrieben, wie man eines Menschen Herz, Natur und Eigenschaft an seinen Gliedmaßen, Sprache, Gange und Kleidern erkennen soll. An den zuchtlosen, unmenschlichen Lumpenhosen könne man also auch sehen, daß ein leichtfertiger, bübischer und unzüchtiger Mensch darin stecke. Die siebente Sünde des zucht- und ehrvergessenen Hosenteufels ist die wider das Ebenbild Gottes, darnach der Mensch geschaffen sei. Als Gott am sechsten Schöpfungstage den Menschen „mit sonderlichem Gepräng, Ceremonien und Rat der ganzen heiligen Dreieinigkeit" geschaffen habe, habe ihm sein Geschöpf so gut gefallen, daß er schier nicht gewußt habe, wie er sich fröhlich, lieblich und freundlich gegen den Menschen verhalten und stellen solle, habe er Adam ein herrliches Schloß und Wohnung, das Paradies, gebaut, ihn zum Herrn über alle Creatur gesetzt und ihm eine Gehilfin und Gesellin aus seinem eigenen Leibe gebaut, dem Menschen Vernunft und Verstand verliehen, ja sogar seinen eingeborenen Sohn für ihn in die Schanze geschlagen, damit der Mensch nicht in der Gewalt des Teufels bliebe. Daraus lasse sich leicht schließen, wie sich die selbst verunehren, wider sich selbst sündigen, die Gott so schön und lieblich geschaffen hat. Wer nicht glaube, daß ihn solche Kleidung entstelle, wende sich nur um, wenn er auf der Gasse so zerhackt und zerlumpt einhergeht, und sehe, wie die Leute still stehen, ihm nachsehen und sich ob seiner Unmenschlichkeit verwundern. Wenn aber schon die Menschen einem so Gekleideten nachsehen und ihn anpfuien, so denke man, mit was für Augen erst Gott ihn ansehen müsse. Die Jungen auf der Gasse müßten sie mit Kot und die Mädchen mit faulen Eiern werfen, damit sie es fühlten, was für feine Gesellen sie seien, da ihnen der Teufel die Augen geschlossen habe, daß sie es nicht sehen könnten. Auch die Obrigkeit thäte nicht übel daran, wenn sie sonst solche Zuchtlosigkeit nicht strafen wolle, wenigstens böse Buben zu bestellen, welche ihnen als Fastnachtsnarren und Meerwundern nachliefen. So habe der Kurfürst zu Brandenburg drei Landsknechte, die sich mit solchen Hosen, mit einem Fiedler voran, auf der Gasse sehen ließen, greifen und in ein offen vergittertes Gefängnis drei Tage setzen lassen, wozu ihnen, damit sie Zuschauer genug hätten, der Fiedelmann die ganze Zeit habe aufspielen müssen. Andere Fürsten hätten ein Gebot ergehen lassen, daß alle Henker in ihren Landen solche Hosen tragen sollten, daß die höllischen Lappen bis auf die Schuhe herabhingen, damit auch die Kinder auf der Gasse urteilen könnten, was das für Leute seien, denen solche Hosen wohl anstehen. Wollte Gott, daß Fürsten und Herren den Hosenteufel wieder zur Hölle aus Deutschland jagten und trieben, denn die Prediger seien diesem Teufel allein zu schwach.

Der Prediger Warnung, Dräuung und Vermahnung schlage er in den Wind und treibe sogar Gespött damit, wie es denn einem seiner Prädicanten kürzlich widerfahren sei, daß ihm, nachdem er hart und heftig auf der Kanzel wider die Pluderhosen gepredigt, die Hosenteufel zu Hohn und Spott am nächsten Sonntage solche Lumpenhosen dem Predigtstuhle gegenüber aufgehängt hätten!

Wider den gemeinen Nutzen und die Wohlfahrt der deutschen Nation ist die achte Sünde des unverschämten Hosenteufels gerichtet. Wie groß die Wohlhabenheit in Deutschland gewesen sei, ehe die Hoffart und die Pracht (der Luxus) eingerissen, wolle er nicht berühren, weil er sich sonst vom Hosenteufel zu weit entfernen müsse; aber er wolle es jedem zu bedenken geben. Damals hätten die Fürsten und Herren ohne Kirchengüter und Beschwerung der Unterthanen große Bauten aufgerichtet, große Kriege geführt und noch große Schätze behalten. Jetzt nähmen die Fürsten und Herren wieder, was ihre Vorfahren der Kirche gegeben haben, beschwerten die Unterthanen und gleichwohl sei nichts da, es verschwinde eins mit dem andern. Zum andern sei Deutschland mit wohlgebauten Städten und Schlössern innerhalb achthundert Jahren erbaut, woraus zu ermessen, was für eine Silberkammer Deutschland gewesen sei. Jetzt könne man die Dächer an solchen Gebäuden nicht erhalten. Zu jener Zeit hätte einer eine Stadt, eine Kirche oder einen andern großen Bau, den man jetzt bewundere, aufbauen lassen, was jetzt ein ganzes Land nicht vermöge. Zum dritten wüßten die ältern Leute noch, wie reichlich Bürger und Bauern die Mönche und Pfaffen haben ernähren können, daß manche Stadt vier-, fünf-, ja sechshundert müßige Pfaffen, Mönche und Schüler reichlich erhalten habe, und dabei habe jedermann noch übrig behalten und es seien reiche Leute dabei geblieben. Jetzt hätten die Edelleute die Hufen und Wiesen von den Kirchen, die Bauern gäben nichts, die Bürger hätten die Beneficien und Stiftungen und dabei könne ein Dorf nicht einen Pfarrherrn, eine große Stadt kümmerlich drei oder vier Prädicanten erhalten und gleichwohl habe niemand etwas — sie seien Bettler gegen ihre Vorfahren. Daran aber sei der Umstand schuld, daß die Krämer und Kaufleute das Geld mit Wagen und Schiffen zum Lande hinausführten und dafür Hosenlappen, Karlecken, Seide und solche Dinge mehr hereinbrächten, so daß man wohl sagen könne, Frankfurt am Main sei das Thor, durch welches alles Geld aus Deutschland in fremde Lande geführt werde. Aber das geschehe uns deutschen Narren schon recht, so wollen wirs haben. Wenn aber Fürsten und Herren zusehen und es dulden, wie die jungen Leute schier mit ihren Hosen allein das Geld aus dem Lande bringen, so müßten sie auch vorlieb nehmen, daß sie mit ihren Unterthanen in Armut geraten und unser armes Vaterland fremden Völkern, die das Geld zuvor hinaus haben, zum Raube gesetzet werde. Darum müsse den Fürsten und Herren ebensoviel daran liegen, als den Predigern, daß der Hosenteufel wieder aus Deutschland hinausgejagt werde.

Dieselbe Verurteilung der Pluderhosen finden wir in einem fliegenden Blatte von 1555 „Ein New Klagelied eines alten deutschen Kriegsknechts wider die grewliche vnd vnehrete Kleidung der Pluderhosen", das in 26 achtzeiligen Strophen die Pluderhosen bekämpft. Die wichtigsten lauten:

Was soll ich aber singen?
Ein' wunderseltsam G'schicht;
Das Herz möcht ein'm zerspringen,
Ders nur einmal ansicht,
Was man doch hat erfunden.
Alldort in jenem Land,
Sieht man zu allen Stunden
Ein große Sünd und Schand.

Es hat die Welt gestanden
Mehr als fünf tausend Jahr,
Ist solche große Schande
Aufkommen nie fürwahr;
Daß man die Gottesgaben
Also mißbrauchen soll,
Das wird kein Mensch nicht loben
Und ihnen sprechen wohl.

Welcher denn nun will wissen,
Was doch erfunden sei:
Die Kriegsleut sind geflissen
Auf solche Büberei,
Sie lassen Hosen machen
Mit einem Ueberzug,
Der hängt bis auf die Knochen (Knöchel),
Daran han sie nicht g'nug.

Ein Latz muß sein darneben
Wohl eines Kalbskopfs groß;
Karteken (Seidenstoff) drunter schweben,
Seiden ohn alle Maß.
Kein Geld wird da gesparet,
Und sollt man betteln gahn,
Damit wird offenbaret,
Wer ihn'n wird geben den Lohn.

Da gehn sie einher watten (schreiten),
Gleich als der Teufel recht;
Schören sie nur ein' Platten,
Sie wären seine Knecht'.
Auch hangen dran die Zotten
Einer halben Ellen lang.
Thut man dann ihrer spotten,
Sie heben an ein Zank

Und wollen da verfechten
Die ungeheure G'stalt,
Als hättens sie zu rechten
Und stünd in ihrer G'walt.
Nach Gott thun sie nicht fragen,
Wie's ihm gefallen werd;
Was er darzu wird sagen,
Ist ihn'n ohn alles Gfärd' (gleichgiltig).

Und wär es ihn'n befohlen,
Sie thätens nimmermehr!
Sollt man den Teufel malen
Mit seinem ganzen Heer,
Ärger könnt mans nicht machen,
Denn auf ein solch Gestalt;
Noch sind sie freie Hachen (Burschen),
Wer wills ihn'n wehren bald!

Sie meinen, wenn sie tragen
Ein solch Gesperr am Bein,
So darf sie niemand schlagen,
Kriegsleut sind sie allein;
So doch oft wird gefunden
Ein solch verzagtes Herz,
So man ihn wollt verwunden,
Er gäb die Flucht ohn Scherz.

Nun wollt ich doch gern sehen,
Wie ers wolt greifen an,
Wenn sollt ein Sturm geschehen,
Als ich oft g'sehen han (habe).
Zu laufen, noch zu steigen
Kann man ihn brauchen nicht,
Zu watten (schreiten) will ich schweigen,
Wie denn da oft geschicht (geschieht).

Da steht er wie ein Lüllen (Stock?)
In sei'm zerhackten Kleid;
Wie will er doch erfüllen
Seinen geschworen Eid?
Schickt man ihn zu scharmützen
Und Laufen von Nöten wär,
Kann er sich selbst nicht b'schützen,
Sein' Haut muß halten her.

Kein Türk, kein Heid, kein Tater (Zigeuner)
Solchen Unflat erfindt.
Da (womit) vorhin ein Hausvater
Hätt kleidet Weib und Kind,
Das muß itzt einer haben
Zu ei'm Par Hosen gar;
Noch sind sie freie Knaben,
Trutz, wers ihn'n wehren thar (zu w. wagt).

Noch eins, das ist geschehen,
Davon ich melden muß,
Welches ich selbst hab' g'sehen:
Hosen bis über'n Fuß.
Die Seide, die muß lappen,
Hinten hernach ers schleppt,
Dazu ein' kurze Kappen (Mantelkragen),
Die ihm den Latz nicht deckt.

Sechs Elln Lündischs (aus Lund) Gewande
Wird ein'm genügen kaum;
Ist das nicht große Schande?
Darunter hat noch Raum,
Wohl neun und neunzig Ellen
Karteken muß er han;
Denn sind sie freie G'sellen
Und stehen wohl für ein'n Mann.

Es haben uns're Alten
Die Kleider darum gemacht,
Daß sie sich für (vor) dem Kalten
Beschirmten Tag und Nacht,
So geben diese Kleider
Doch weder kalt noch warm;
Groß' Straf' die fürcht ich leider
Auf uns, daß Gott erbarm!

Wie kann doch Gott Glück geben
Dem deutschen Kriegesheer,
Weil sie so schändlich streben
Wider sein Lob und Ehr!
Niemand soll Wunder nehmen,
Daß der Türk nimmt überhand;
Wir sollten uns doch schämen
Gegen ein ander Land.

Der Teufel mag wol lachen
Zu solchem Affenspiel;
Ihm g'fallen wohl die Sachen,
Fleißig ers fürdern will;
Tag und Nacht thut er raten,
Sei'm Rat folgen sie nach,
Bis er bezahlt ihr Thaten,
Reu ist zu spät darnach.

Dies Laster thut verklagen
Ein alter Landsknecht gut;
Der hat all seine Tagen
Gehabt ein's Löwen Mut.

Sein' Leib thät er nie sparen
In deutsch und welschem Land;
Noch hat er nie erfahren
Von Deutschen ein größer' Schand.

Ihr Fürsten und ihr Herren,
Laßts euch zu Herzen gehn;
Thut dieses Laster wehren,
Heißt sie davon abstehn.
Denn Gott wills an euch rächen,
Euch ist geben (gegeben) die G'walt;
Thut ihren Willen brechen,
Denn Gottes Straf kommt bald.

O Gott, thu du drein sehen,
Verzeih uns unser Sünd,
Und laß uns nicht geschehen,
Nach dem wir würdig sind,
Sondern thu dich erbarmen
Über unser Blödigkeit (Schwäche)
Und hilf zuletzt uns Armen
In die ewige Seligkeit! Amen!

Auch Jörg Wickram (Stadtschreiber in Burgheim, Gründer der Meistersingerschule in seiner Vaterstadt Colmar) hat in seinem seit 1555 häufig aufgelegten berühmten „Rollwagenbüchlein" für den „großen, überschwänglichen Mutwillen und Unkosten der schändlichen und lästerlichen Pluderhosen" nur Worte der Entrüstung und des Spottes. Er erzählt darin (101), daß ein Maler, welcher für eines Edelmanns Saal die Landestrachten von allerlei Völkern malen sollte, die Deutschen ausgelassen und auf Andringen des Edelmanns endlich einen nackten Mann mit einem Ballen Tuch auf dem Rücken gemalt habe — mit dem Bemerken: davon möge ein jeder nehmen und sich den Deutschen nach Gefallen kleiden.

Hans Sachs endlich verspottet in der Unterschrift eines bei Hans Guldenmundt in Nürnberg verlegten Holzschnitts von H. W. die Tracht mit folgenden Versen:

Schaut, bin ich nicht ein waidlich Knecht?
Wie sind mein' Hosen mir so g'recht (passend)!
Sie liegen glatt mir um das Bein,
Wie die Kirche liegt um den Tauffstein.
Drin wat ich her und bin so sauber,
G(e)leich einem gehosten Tauber,
Mit großem Kost (federbusch) und kleinem Mutz (Mütze)
Und bin ein rechter Fastnachtbutz.*)

Die Illustrationen dieser Schrift bieten eine große Anzahl von Trachtenbildern, von M. Zesingers Bild auf Taf. III. bis zu dem nach spanischer Mode ge-

---

*) Butz, in Butzemann erhalten, ist die Schreckgestalt des Popanz.

kleideten Fähndrich von H. Goltzius aus dem Ende des 16. Jahrhunderts auf Taf. V. Welche Verschiedenheit zwischen der Tracht der Landsknechte aus dem ersten Viertel des 16. Jahrhunderts auf Seite 10, 112 und 8 und auf dem von Hans Holbein entworfenen Titelbilde, der zerhauenen und zerschnittenen Tracht auf Seite 25 und der Pluderhosentracht auf den meisten Amann'schen Bildern! Welche Mannigfaltigkeit selbst unter der Herrschaft der letzteren, wie sie namentlich auch in den Trachtenbildern Taf. III. und Taf. IV. zu Tage tritt!

Als Kopfbedeckung finden wir zuerst Helme und Barette, dann kegelförmige Filzhüte, die später breiträndrigen runden oder spitzen Hüten Platz machen.

11.
Die Landsknechte in Bild, Sang, Schwank.

Ein vom Tode überwundener Landsknecht.
Nach A. Claeffens.

Daß eine so malerische Erscheinung, wie die der Landsknechte, von den zeitgenössischen Malern mit besonderer Freude begrüßt wurde, ist leicht begreiflich. So haben uns denn die besten deutschen Künstler des 16. Jahrhunderts Handzeichnungen, Holzschnitte, Kupferstiche, Miniaturen ꝛc. hinterlassen, in denen sich eine Fülle von Darstellungen aus dem Landsknechtsleben vorfindet. Sie dachten anders über die Tracht der Landsknechte, als der Franzose Grollier, der ihr Barett zu groß, ihre Hosen zu bauschig, ihre Schuhe und Harnische zu weit fand und meinte, daß sich nichts an der Bekleidung dieses Volkes fände, was der Zuschauer Augen ergötzen könne.

Außer Darstellungen der Trachten und Bewaffnung, sowie zahlreicher Scenen aus dem Landsknechtsleben ꝛc., sind von den Malern jener Zeit auch allegorische Bilder geschaffen, die sich auf die Landsknechte beziehen. Mehrfach finden wir den Tod in ihrer Gesellschaft dargestellt. So schließt z. B. auf dem Behamschen Bilde der Tod zu Roffe, begleitet von zwei Trabanten mit Hippen, den bunten Zug der Landsknechte. (Tafel 1.) Auf einem Stiche von A. Claeffens erblicken wir einen Landsknecht vom Tode gefällt. Der grimmige Überwinder, der hier nicht als Skelett erscheint, hat dem liegenden Landsknecht den Fuß auf die Brust gesetzt und führt, nachdem er den Spieß zerbrochen, mit dem breiten Schwerte den Todesstreich, den der Landsknecht schreiend mit dem kurzen Schwerte abzuwehren sucht.

Ein Holzschnitt von Urse Graf von 1524, von dem wir nebenstehend eine Nachbildung bringen, stellt die beiden Contraste im Landsknechtsleben dar. Er zeigt uns zwei geputzte Landsknechte, den einen mit dem Zweihänder, den andern mit dem langen Spieß, an dem Ufer eines Sees, an dem eine üppige Frau mit einem Äffchen, augenscheinlich eine Allegorie der Weltlust, sie erwartend sitzt. Aber höhnisch weist der auf dem Baume über ihnen hängende Tod auf die ablaufende Sanduhr hin und auf den Unglücksraben, der sich auf der Uhr niedergelassen hat.

Eine große Auswahl von ähnlichen Bildern nach Lucas Cranach, J. Bink, Franz Brunn, Aldegrever, Beham, Virgil Solis, Lucas von Leyden u. A. enthält J. Wesselys mehrfach erwähntes Werk.

Der Künstler, welchem wir die reichhaltigste Darstellung des Landsknechtstums verdanken, ist Jost Amman, der L. Fronspergers Kriegsbuch reich illustriert hat. Auch viele Bilder in M. Pfinzings „Teuerdank", Holzschnitte von Hans Schäufelin und Hans Burgkmaier, A. Dürers Schülern, geben uns anschauliche Darstellungen aus Maximilians Zeit.

Einen sehr wertvollen Beitrag zur Kenntnis des Zeitalters der Landsknechte liefert auch das von A. J. Graf Breunner-Enkevoerth mit erläuterndem Texte von J. v. Falke in Wien erscheinende Prachtwerk: Röm. Kaif. Maj. Kriegsvölker, welches 150 Blätter von N. Meldemann und H. Guldenmundt, David de Necker, Hans Burgkmaier, H. Schäufelin photolithographisch wiedergiebt.

Daß selbst auf den religiösen Gemälden jenes Zeitalters die Krieger nicht selten in Landsknechtstracht erscheinen, sei nur beiläufig erwähnt.

Aber auch in der deutschen Dichtung des 15. und 16. Jahrhunderts spielen die Landsknechte eine große Rolle. Die deutschen Landsknechte waren ja großenteils aus dem Stande hervorgegangen, in dem der Meistergesang seine Heimat hatte. Hatte ein nürnberger Schmied oder ein Schreiner aus Ulm daheim mühsam aus der biblischen oder römischen Geschichte Stoff zu einem Liede zusammengelesen, so griff er, wenn ihm das Kriegshandwerk nun selbst Gelegenheit bot, mit Geschichte zu machen, frisch in das volle Leben hinein.

Wie sehr die Beziehung zur Reimkunst in der Kriegerzunft festgehalten wurde, zeigt an zahlreichen Stellen Leonhard Fronspergers Kriegsbuch, dessen Verfasser,

Landsknechte, von der Weltlust gelockt und dem Tode bedroht.
Nach einem Holzschnitte von Urse Graf.

ein alter Kriegsmann, unter seinem Bildnis die Aufgabe des Soldatenwesens in
folgenden Versen zusammenfaßt:

> „Wer erlangen will Lob und Ruhm,
> Der schlaf nicht in sei'm Eigentum
> Und in Faulheit nicht jubilier,
> Sondern in sei'm Schild und Helm führ
> Ehr'nfreudigkeit, wachbar und rund,
> Treu, männlich mit Herz, Hand und Mund,
> Denn aus der faulen Rott' und Art
> Nie keiner zu ei'm Ritter ward."

Von ihm sind die Verse gedichtet, welche die Unterschrift der 77 Holzschnitte
J. Ammans bilden, auf welchen die Befehle und Ämter dargestellt sind.

Wir teilen zwei derselben mit:

Der Obrist aller Fußknechte.[1]

Ich bin vom Kriegsherren bestellt,
Zu einem Obristen erwählt,
Bin ich zuvor des Kriegs erfahr'n.
In allen Landen in viel Jahr'n
Solches ersucht,[2] derhalb betracht,
Wie gute Ordnung wird gemacht,
All Ämter b'setzen und regier'n,
Das Regiment zu reformier'n.
Bewerb mich um ehrlich' Kriegsleut',
So aufrichtig sein allezeit.

Hab' bestimmt all Ämter zumal,
So mir geschworen haben all',
Als Schultheiß, Profoß, Amtsleister,
Quartier-, Proviant- und Wachtmeister.
Kriegsknecht in G'mein[3] mir g'schworen han[4],
Sechs Monat lang zu dienen thon[5]
Unserm allergnädigsten Herrn
Früh und spat nach seinem Begehr'n,
Zu erretten sein' Land und Leut'.
Treu und Ehr halten wir allzeit.

Gerichtsleute.

Aus allen Fähnlein in dem Feld,
Werden ehrlich' Knecht' fürgestellt,
Aufrecht,[*] redlich in Wort und That,
So man zum G'richt erwählet hat,
G'richts- und Kriegs erfahrne Person',
Welche sein[**] wir Gerichtsleut' nun.
So uns der Schultheiß durch Befehl,
Läßt umschlagen der G'richtsweibel,
Uns ansagt zu b'sitzen das G'richt.
Wenn dann Klag und Antwort geschicht

Und die Zeugen werden verhört,
Kläger und Antworter begehrt,
Ein Urtheil zu fällen alsbald,
Nach des Artikelbriefs Inhalt.
Wir urteilen auf den Eid recht,
Dem armen, wie dem reichen G'schlecht,
Und dem Reichen, wie dem Armen.
Durch Gab uns nicht laff'n erbarmen,
Neid, Haß und Gunst nicht lah'n[***] bethör'n,
Fürnehm sein[**] wir von Knecht und Herrn.

---

[1] Die Verse sind nach dem numerierenden Princip gebaut; die Silben werden also nur gezählt ohne Rücksicht auf die Betonung. [2] d. h. habe ich solches versucht. [3] in der Gemeinde. [4] haben. [5] thun.
[*] Aufrichtig. [**] sind. [***] lassen.

Und wie Fronsperger Alles besang, was auf das Landsknechtswesen Beziehung hatte, so trug sich in jenen Tagen, die so fruchtbar waren an großem Wechsel, wunderbaren Siegen und unerhörten Fährlichkeiten, nichts zu, was nicht von den Landsknechten besungen wurde.

Spottlieder gegen die Schweizer sind namentlich in den ersten Jahrzehnten sehr häufig. In einem Liede auf den Zug nach Bellenz heißt es mit einem Hinweis auf den am Herzog von Mailand von den Schweizern bei Novara 1500 verübten Verrat:

> „Ach Gott, wem soll ich klagen
> Der Schweizer Jammer und Not?
> Ich weiß kein' Menschen auf Erden,
> Dem sie zu Herzen got (geht).
> Wann (denn) sie haben verraten
> Von Mailand den Herzog gut
> Und auf die Fleischbank g'liefert
> Ihn und sein eigen Gut."

Es schließt herausfordernd:

> „Der Ochs ist heimgezogen
> Gar wieder in sein' Kuhstall,
> Sein Hochmut ist ihm gelegen (gelegt),
> Er treibt nicht groß Gebrell (Gebrüll).
> Den Schwanz, den läßt er hangen
> Gar zu der Erden ab:
> Man wird dich baß (besser) versuchen.
> Wehr dich, du Schweizerknab!"

Von den Liedern, die in Schwaben und im Elsaß, wo Städter und Ritter im altererbten Hasse gegen die „Bauern und Kuhbuben" in der Schweiz groß geworden waren, weit und breit den Eidgenossen zu Leide sangen, hat sich, wie Lenz im Schwabenkriege sagt, dann endlich viel Jammer, Krieg, Brand und Totschlag erhoben. Die Schweizer ließen es ihrerseits nicht an Spottliedern fehlen, die an Derbheit des Ausdrucks alles hinter sich ließen.

Das Selbstgefühl der Landsknechte findet schon früh in ihren Liedern kräftigen Ausdruck. Schon in einem Liede von 1495, von Landsknechten gedichtet, lautet eine Strophe:

> „Landsknechte thut man preisen
> — Sie han' (halten) s mit dem röm'schen Reich —
> Als kluge und als weise
> Und kecke auch zugleich.
> O König, halte sie in Hut,
> Du magst jetzt nichts mehr schaffen (ausrichten)
> Ohn' die frommen Landsknecht gut."

Aber in einem neuen Liede von den Schweizern und dem schwäbischen Bunde von Hans im finstern Tann spotteten die Schweizer:

Die Landsknecht thut man preisen	Die Wahrheit zu gestehen,
Wohl bei der römschen Kron	Edler König Maximilian,
Für kecke und für weise.	Was dir zu Napels (Neapel) geschehen,
Dabei laß ichs bestohn (bestehen):	Wo die Schloß wurden gela'n (gelassen),
Ihr' Treu hat man erfahren	Die Landsknecht thäten weichen
Mit ihrer Mannheit groß!	Ohn' alle Not mit der Hab',
Mit ihn'n soll man bewahren	In Ungarn dann dergleichen,
Land, Leute, Städt' und Schloß.	Da sie von dir zogen ab.

Das bezieht sich auf den Feldzug Maximilians nach Ungarn 1490, während dessen er mitten im Siegeslaufe gezwungen wurde, nach Deutschland heimzukehren, weil das mit der Soldzahlung und Beuteverteilung unzufriedene Fußvolk ihn in hellen Haufen verließ.

Die Anspielung auf die Kirchweih, wie sie im Pavier Liede vorkommt, ist in den Landsknechtsliedern aus dem Anfang des 16. Jahrhunderts häufig. Sie hat eine historische Grundlage. Wegen des Schutzes der Kirchweih von Affalterbach kam es 1502 zwischen den Nürnbergern und dem Markgrafen Casimir von Anspach, dem die Nürnberger spottend eine Einladung zur Kirchweih geschickt hatten, zum blutigen Kampfe, in dem auf beiden Seiten Landsknechte mitwirkten.

Schon damals schloß ein Landsknecht, der diese blutige Kirchweih besang, sein Lied mit den Worten:

„Und der uns dieses Liedlein sang
Er singt uns neue Mär —
Das hat gethan ein freier Knecht,
Kam auf den Kirchtag her.
Er hat so frei gesungen.
Er will's geschrieben geben.
Allen, die verschieden sind,
Wünscht er das ewige Leben."

Und in einem andern Liede auf dasselbe Gefecht, welches beginnt:

„Ich weiß nicht, wie sich Nürnberg schickt"

heißt der Schluß:

„Der uns dies neue Liedlein sang,
Ein freier Landsknecht hat es gethan.
Er hat's so wohl gesungen.
Er ist auch auf der Kirchweih gewesen,
Da ist's ihm wohl gelungen."

Von dem Schwabenkriege an giebt es kaum ein geschichtliches Ereignis, an dem Landsknechte beteiligt waren, das nicht von Landsknechten besungen wäre. Die in A. Grüns „letzter Ritter" besungene Episode des Landshuter Kriegs 1504 von der Belagerung von Kuffstein, wie die Böhmenschlacht, die Kriege in Frankreich

127

und Italien, die Schlachten im Bauernkriege, die übrigen Kämpfe in Deutschland unter Karl V., die Türkenkriege ꝛc. haben ihre Verherrlichung in der Landsknechtspoesie gefunden.

Aus den Liedern über die Belagerung Wiens durch die Türken 1529 mögen wenigstens einige Stellen erwähnt sein, in denen von der Mitwirkung der Landsknechte die Rede ist. In einem „Liede, gemacht, wie es im Osterlande ergangen ist", singt Jörg Darpach:

> Die Landsknecht waren nicht zu faul.
> Thät den Türken verdrießen.
> Er meint, daß eitel Teufel drin sind,
> Die Donau thät er abfließen,
> ja fließen.

Und in einem in Niederdeutsch und Hochdeutsch vorhandenen Gedichte „Wie der Türke vor Wien lag", wird den Landsknechten sogar das Verdienst zugeschrieben, Wien gerettet zu haben. Der Dichter, ein Landsknecht, welcher sich rühmt, an sieben Feldschlachten teilgenommen zu haben, singt nämlich:

> „Es stund ein Landsknecht wohlgemut:
> Haltet die Stadt in werter Hut,
> Dazu in wehrhaftiger Hande.
> Sollten wir den Türken die Stadt aufgeben,
> Es wär uns ein' große Schande.
> Die Landsknecht' schwören dem Reiche ein' Eid:
> „Soll'n wir uns geben (ergeben), es wär uns leid."
> Es sprang ein itzlicher (jeder) zu seiner Hellebarden.
> Wohl her, wohl her, ihr frommen Landsknecht',
> Der Türken wollen wir warten!"

Auch in „Ein neu Lied, wie der Türk Wien belagert und mit Schanden abgezogen" lautet eine Strophe:

> Wir hatten gut' Hauptleute,
> Dazu gute Landsknecht,
> Zu Sturm und auch zu Streite.
> Jeder that, was er möcht (konnte).
> Die Stadt haben s' behütet,
> Viel Wunden mancher hat.
> Gott that mit seiner Güte,
> Daß der Türk nicht in uns wüte,
> Half uns mit seiner Gnad.

Aus vielen Liedern klingt der religiöse Sinn der deutschen Landsknechte, der sich in ihrer Sitte, vor Beginn der Schlacht zum Gebet niederzuknieen, kundgab, voll und rein heraus. „Ein Lied von dem König von Frankreich und den Schweizern", welches die Schlacht bei Marignano schildert, schreibt dem Beistande der Mutter Gottes und des heiligen Georg den Sieg zu und endet:

„Das Feld haben behalten
Die frommen Landsknecht gut.
Gott soll der Seelen walten,
Sie hab'n in seiner Hut
Durch sein bittres Leiden groß
Und durch sein rosenfarbnes Blut,
Das er am Kreuz vergoß.

Der uns das Lied thut singen,
Das ist ein Landsknecht frei.
Gott woll' uns Gnad erwerben,
Sein Hilf, die wohn' uns bei.
Und auch Maria, die Jungfrau rein,
Die woll' bei ihrem Kinde
Unsre treue Fürsprecherin sein!"

Ein plattdeutsches Gedicht auf die Hildesheimer Stiftsfehde schließt mit den Worten:

„Maria, du edel Königinn,
Des hogen Hemmels ein' Keiserinn,
God wil my nummer vorlaten!
Den wil ik steds vor ogen han,
Mit ernstem mod to stryde gaen,
God vorleen uns syne gnade!"

Aber ebenso wie die Landsknechte zuerst mit Inbrunst zur Maria und den Heiligen flehten, sind sie späterhin nach der Reformation vielfach die eifrigsten Anhänger des evangelischen Glaubens und in ihren Liedern findet der Haß gegen das Papsttum, die Begeisterung für die evangelische Freiheit den kräftigsten Ausdruck. In „Halt dich, Magdeburg" sangen sie:

„Gott's Wort sie wollen dämpfen,
Ihr' Lügen richten an,
Dawider woll'n wir kämpfen,
So lang wirs Leben han.

Müss'n wir darüber sterben,
Lob, Ehr und Preis sei Gott,
Der uns dann heißt erwerben
Das ewge Leben dort."

So heißt es in einem Landsknechtsliede aus dem Schmalkaldener Kriege, das mit den Worten beginnt:

„Ach Karle, großmächtiger Mann,
Wie hast ein Spiel gefangen an
Ohn Not in deutschen Landen?
Wollt Gott, du hättst es baß (besser) bedacht,
Dich solch's nicht unterstanden."

Nach bittern Vorwürfen über sein Verfahren gegen die Fürsten von Sachsen und Hessen, und einer langen Aufzählung all des Schlimmen, was die Päpste von Gregor VII. an Deutschland zugefügt haben, und einer Warnung vor der Päpste Arglist, spricht er sein Vertrauen zu Gott aus, der die evangelische Christenheit, die evangelischen Geistlichen und die ihres Glaubens wegen bedrängten Fürsten schützen werde und schließt:

„Darneben wölln wir Landsknecht gut
Dran wagen unser Leib und Blut
Zu Schutz der Kirch und Landen,
Darin Gotts Wort wird rein gelehrt,
Da auch noch Zucht vorhanden, —

Wider des Papsts Abgötterei
Und der Spanier Mörderei,
Beider Unzucht und Rauben,
Die ärger dann die Türken sind,
Das mag man g'wißlich glauben."

Drum seid getrost, ihr frommen Knecht,
Fürs Vaterland nur mannlich fecht,
Welchs jetzt der Papst will stecken
Durchs Kaisers G'walt in schwere Not;
Laßt euch ihr' Macht nicht schrecken.

Wir haben auch auf unser Seit
Ein' starken Held, der für uns streit',
Von Macht ist nicht seins Gleichen,
Gotts ewig Sohn mit seinem Heer:
Dem muß all Gwalt entweichen.

Dies Liedlein ist in Eil gemacht
Ei'm jungen Landsknecht wolgeacht
Zu freundlichem Gefallen
Von einem, der wünscht Glück und Heil
Frommen Landsknechten allen."

Aber neben den Liedern historischen und religiösen Inhalts schuf die Landsknechtspoesie auch Liebes- und Trinklieder, die dann zum Gemeingut des Volkes wurden. Eins derselben singt von untreuer Liebe und lautet:

„Winter! du mußt Urlaub han (haben)!
Das hab ich wohl vernommen.
Was mir der Winter hat Leids gethan,
Das klag ich diesem Sommer.

Zu wenig, zu viel ist ungesund,
Hab ich oft hören sagen.
Der Brunnen hat einen falschen Grund,
Drein man muß Wasser tragen.

Diesem Sommer nicht allein.
Die gelben Blümlein springen.
Wer einen lieben Buhlen hat,
Mag wohl mit Freuden singen.

Des Brunnens des ertrink ich nicht,*)
Er hat mich oft betrogen.
Was mir mein Feinslieb zugesagt,
Ist ganz und gar erlogen.

Wer einen lieben Buhlen hat,
Halt ihn in rechter Maßen.
Und wenn es an ein Scheiden geht,
Muß er ihn fahren laßen.

Der uns das Liedlein neu (ge)sang,
Von neuem hat gesungen,
Das han gethan zwei Landsknecht gut,
Ein alter und ein junger."

Wieder ein anderes ist ein lustiges Trinklied, das seine Entstehung in diesen Kreisen durch die Vergleichung der Becher mit Waffen verrät. Es lautet:

„Fröhlich, ihr Herren, laßt uns sein!
Gott wird bescheren noch mehr Wein,
Laßt uns nur tapfer trinken.
Die Gläslein nieder sinken,
Zu schenken wieder ein.

Dies Gläslein ich jetzt rummer bring
Und dazu auch mit Freuden sing.
So trinkt und singt mit Schalle,
Ihr günstigen Herren alle,
Daß es im Saal erkling.

Ein jeder fröhlich sich erzeig,
Zu trinken rummer nach der Reig
Und laßt nichts vor euch stehen,
Laßts frisch herummer gehen,
Damit man lustig sei.

Wohlan, so greift es tapfer an,
Wie wir es angefangen han,
Und laßt die Wehr nicht feiern!
Braucht Becher, Gläser, Scheuren**)
Und trinkt, wer trinken kann!"

---

*) Aus dem Brunnen trink ich nicht. **) Becher.

War Geld da, so hing der Himmel voller Geigen. Selbst das heilige römische Reich kümmerte sie dann nicht.

„Wir haben keine Sorgen
Wohl um das röm'sche Reich.
Es sterb heut oder morgen,
Das gilt uns alles gleich.
Und ging es auch in Stücke,
Wenn nur das Heu gerät,
Draus drehen wir ein Stricke,
Der es zusammen näht."

Verpraßten sie ihr Geld mit Essen, Trinken und Spielen, so sangen sie:

„Im Wirtshaus ist gut leben,
Wenn kommt der heur'ge Wein
Da wollen wir dann streben
Und wollen fröhlich sein.
Bratwürst', jung Säu' und Hamen (Schinken)
Soll man uns tragen her
Und andre G'richt mit Namen.
Wo kommen wir zusammen
Allvoll und Seltenleer?

Reicht Würfel her und Karten!
Ein Bretspiel woll'n wir ha'n,
So wollen wir erwarten,
Bis Zeit wird schlafen gan (gehn),
Dann möchten wir gern haben
Ein' guten Salvenwein (Wein mit Salbei),
Damit woll'n wir uns laben.
Gott behüt die frommen Knaben,
Die allzeit voll woll'n sein.

Ein anderes Lied erzählt, wie ein Krieger, der all sein Geld in einem Wirtshaus „verschlemmt und verdemmt" hat, von der mitleidigen Wirtin das Geld, um sich zu lösen, erhält.

„Ich bin ein armer Reitersknab,
Ich hab' verzehrt all', was ich hab,
Und all mein Hab steht hinter dem Wirt,
ja Wirt;
Ich ging mit mir zu Rate,
Wie ich mein Hab brächt von dem Wirt,
Daß er meiner Armut nicht innen würd.

Ach Wirt! ich will dich bitten schön,
Daß du mich wollest reiten lon, —
Wohl reiten vor den Böhmer Wald,
ja Wald
Und reiten auf freier Straßen
So will ich dich bezahlen schön,
Darüber sollst du nicht in Zweifel stehn.

Reit hin, reit her, mein Reiterlein!
Es kann und mag nicht anders sein,
Bezahl du mir den kühlen Wein,
ja Wein,
Dazu die gebratnen Hühnlein gut:
Wann du mich dann bezahlet hast,
So hab Urlaub, mein Reiter, fast*).

Ach Wirt, ich will dich zuvor noch bitten:
Mach nicht in deinem Haus den Ritter!**)
Du botst mir viel der süßen Wort,
ja Wort,
Bis ich mein Geld bei dir verzehret.
Begegnest du mir auf der Heide,
Ich will dich bezahlen aus der Scheide.***)

---

*) Entferne dich schnell! **) Fange keinen Streit an! ***) Mit der Klinge.

Reit hin, reit her, mein werter Gast!
Du droheft mir gar sehre, ich acht's nicht fast (sehr);
Bezahl du mir den kühlen Wein,
　　　ja Wein,
Dazu die gebratenen Hühnlein gut;
Wann du mich dann bezahlet hast,
So hab' Urlaub, mein werter Gast!

Die Wirtin sah den Reiter an,
Er däucht ihr gar ein höflich' Mann;
Sie bot ihm ihr' schneeweiße Hand,
　　　ja Hand,
Dazu die guten Gülden rot;
Die halfen dem armen Schlucker
Aus aller seiner Not.

Er nahm das Rößlein bei der Hand,
Wie bald er sich in Sattel schwang!
Da thät es manchen lustgen Sprung,
　　　ja Sprung.
Er kehrt sich gegen die Frau Wirtin um;
Die Wirtin thät den Reiter loben,
Damit ward der falsch Wirt betrogen."

Aber nicht immer fand sich eine freundliche Wirtin, die dem entlassenen Landsknechte aus der Not half. Wenn man merkte, daß er kein Geld mehr hatte, wurde er aus dem Hause gesetzt. Und davon singt ein anderes Lied, das unter der Überschrift „der arme Schwartenhals" eine Perle in den Sammlungen der Volkslieder bildet. Es heißt:

„Ich kam vor einer Frau Wirtin Haus,
Man fragt' mich, wer ich wäre,
Ich bin ein armer Schwartenhals,
Ich eß' und trink' so gerne.

Man führt' mich in die Stuben ein,
Man bot mir an zu trinken,
Die Augen ließ ich umher gahn,
Den Becher ließ ich sinken.

Man setzt' mich oben an den Tisch,
Als ich ein Kaufherr wäre,
Und da es an ein Zahlen ging,
Mein Säckel stand mir leere.

Da ich des Nachts wollt' schlafen gahn,
Man wies mich in die Scheuer,
Da ward mir armem Schwartenhals
Mein Lachen viel zu theuer.

Und da ich in die Scheuer kam,
Da hub ich an zu nisteln,
Da stachen mich die Hagedorn,
Dazu die rauhen Disteln.

Da ich zu morgens früh auffstand,
Der Reif lag auf dem Dache,
Da mußt' ich armer Schwartenhals
Des Unglücks selber lachen.

Ich nahm mein Schwert wohl in die Hand
Und gürt' es an die Seiten,
Ich armer mußt' zu Fuße gahn,
Weil ich nicht hatt' zu reiten.

Ich hob mich auf und ging davon
Und macht' mich auf die Straßen,
Mir kam ein reicher Kaufmannssohn,
Sein' Tasch' mußt er mir lassen."

Auch die zeitgenössischen Dichter, welche nicht zur Kriegerzunft gehörten, nahmen ihre Stoffe vielfach aus dem Landsknechtsleben. Der populärste Dichter jener Zeit, der Nürnberger Hans Sachs, von dem wir umstehend ein Bild bringen, hat uns einige treffliche Schwänke von Landsknechten erzählt. Wir teilen zwei davon mit.

Hans Sachs, geboren den 5. November 1494, gestorben den 19. Januar 1576 zu Nürnberg, der berühmteste und fruchtbarste Meistersinger des 16. Jahrhunderts.

Hans Sachs.
Nach einem Holzschnitt von Joh. Betz 1545
mit folgenden Versen:

Diese Abcontrefaction (Abbildung)
Zeigt Hans Sachsen von Nürnberg an,
Schuhmachern, der viel' schön' Gedicht'
Und weise Sprüch' hat zugericht'
Nach Art der edlen Poeterei
In deutscher Sprache lustig und frei,
Auch durch Meistergesang mit Fleiß
Auf geistliche und weltliche Weis.

Welches denn gute Mittel sind,
Dadurch gemeiner Mann und sein Kind
Mögen Schrift und Weisheit auch erfahr'n,
Tugendlich darnach zu gebahr'n
Gott zu Ehr und dem Nächst(en) zu Nutz,
Damit man Tugend erhält in Schutz.
Welches Alles ist g'nugsam bewißt (bekannt),
Drum bleibt sein Lob aufs gewißist (gesichert).

Sankt Peter mit den Landsknechten.

Neun arme Landsknecht zogen aus,
Und bettelten von Haus zu Haus,
Dieweil kein Krieg im Lande war.
Ein's Morgens trug ihr' Straß sie dar
Hinauf bis vor das Himmelthor,
Da klopften sie auch an davor,
Wollten auch in den Himmelgarten.
Sankt Peter thät der Pforten warten.
Als er die Landsknecht davor sah,
Gar bald er zu dem Herrn sprach da:
„Herr, draußen steht 'ne arme Rott,
Laß' sie herein, es thut ihn'n noth.
Gern schweiften sie herum im Garten."
Der Herr sprach: „Laß' sie länger warten."
Als nun die Landsknecht mußten harren,
Fingen s' an zu fluchen und scharren:
Marter, Leiden und Sakrament.
Sankt Peter diese Flüch' nicht kennt,
Meint', sie red'ten von geistlichen Dingen,
Gedacht in Himmel sie zu bringen
Und sprach: „O lieber Herre mein,
Ich bitte dich, laß' sie herein,
Ich hab' nie frömm're Leut' gesehen."
Da thät der Herr hinwieder jehen (sagen):
„O Petrus, du kennst sie nicht recht;
Ich seh' wohl, daß es sind Landsknecht',
Sollten wohl mit mutwill'gen Sachen
Den Himmel uns zu enge machen."
Sankt Peter der bat aber mehr:
„Herr, laß' sie herein durch dein' Ehr'."
Der Herr sprach: „Magst sie lassen 'rein,
Du mußt mit ihn'n behangen sein;
Schau, wie sie wieder bringst hinaus."
Sankt Peter war froh überaus
Und ließ die frommen Landsknecht' ein.
Als sie in Himmel kamen 'nein,
Bett'lten sie um bei aller Welt,
Und bald (sobald) sie zusamm' bracht'n das Geld,
Hockten sie nieder auf 'nen Plan
Und fingen dort zu spielen an.

Und eh' ein' Viertelstund' verging,
Ein Hader sich bei ihn'n anfing,
Von wegen was in ihrem Spiel.
Da wurden sie entrüstet viel,
Zuckten von Leder sie allsammen,
Und hauten da mit Kraft zusammen,
Jagten einander hin und wieder,
In dem Himmel da auf und nieder.
Sankt Peter diesen Strauß vernahm,
Brummt' die Landsknecht an, als er kann,
Sprach: „Wollt ihr in dem Himmel balgen?
Hebt euch hinaus an lichten Galgen."
Die Landsknecht sah'n ihn an mit Tück'
Und schlugen so auf Sankt Peters Rück,
Daß ihn'n Sankt Peter mußt' entlaufen.
Zum Herr'n kam mit Aechzen, Schnaufen,
Und klagt ihm über die Landsknecht'.
Der Herr sprach: „Dir geschieht ganz recht;
Hab' ich dir nicht gesaget heut':
Laß' sie draus, es sind freche Leut'."
Sankt Peter sprach: „O Herr, der Ding'
Verstand ich nicht, hilf, daß ich bring'
Sie 'naus, soll mir ein' Witzung sein,
Daß ich kein'n Landsknecht laß herein,
Weil sie sind so muthwill'ge Leut'."
Der Herr sprach: „Ein'm Engel gebeut,
Daß er 'ne Trommel nehm zuhand,
Nehm vor des Himmels Pfort' den Stand,
Und einen Lärmen davor schlag'!"
Sankt Peter that nach seiner Sag'.
Als der Engel die Trommel schlug,
Liefen die Landsknecht' ohn' Verzug
Eilend aus durch das Himmelsthor,
Meinten, ein Lärmen wär' davor.
Sankt Peter schloß die Himmelspforten,
Versperrt' die Landsknecht' an den Orten,
Der'n keiner seit hinein kam nie,
Weil Sankt Peter ist brummig auf sie.
Doch nehmt auf schwankweis dies Gedicht,
Wie Hans Sachs ohn' all Arges spricht.

Warum die Bauern nicht gerne Landsknechte beherbergen.

Eins Tags thät mich ein Pfaffe fragen,
Ob ich nicht wahrhaft wüßt' zu sagen,
Warum's dem Bauern macht Verdruß,
Wenn er Landsknecht' herbergen muß.

Ich sprach: Es liegt im Schwabenland
Ein Dorf, Gersthofen ist's genannt,
Da hat die Sache angefangen.
Im letzten Winter war gegangen

Ein Landsknecht auf die Bettelfahrt,
Den Frost und Hunger plagten hart.
Der kam hinan vor einen Galgen;
Darauf hört' er die Raben balgen
Und sah einen Dieb hangen dran,
Der hatte gute Hosen an.
Da dachte sich der arme Knecht:
Die Hosen kommen mir ganz recht.
Er streift' die Hosen ab ganz heiter;
Doch an den Füßen ging's nicht weiter,
Sie waren angefroren hart.
Darob der Landsknecht zornig ward,
Hieb ab dem Landsknecht beide Füß'
Und steckte zu sich alles dies.
Nun war es etwas spät am Tag,
Als Gerstenhofen vor ihm lag.
Verfroren trabt' er dort hinein,
Zu suchen da die Nahrung sein.
Er zog herum bis Abends spat;
Zuletzt er einen Bauern bat
Um Herberg'; diesem war es recht;
Gab eine warme Milch dem Knecht
Und trug ihm in die Stube Stroh;
Des war der arme Landsknecht froh.
Nun hatte diesem Bauern dazu
Selben Abend gekalbt die Kuh.
Weil grimmig kalt nun war die Nacht,
Ward's Kälblein in die Stub' gebracht,
Auf daß es keinen Schaden empfing.
Als Jedermann dann schlafen ging
Und Stille ward im ganzen Haus,
Zog der Landsknecht die Hosen heraus,
Die er dem Dieb hatt' abgerissen;
Er streift' sie ab von beiden Füßen
Und zog die warmen Hosen an.
Vor Tag ging er davon sodann,
Als fest noch schliefen alle Leute,
Die Füße ließ er liegen beide.
Als nun die Magd am frühen Morgen
Kam, um die Stube zu besorgen,
Mit einem Spanlicht in der Hand,
Und nirgends mehr den Landsknecht fand,
Allein das Kälblein noch entdeckt',
Das in der Ecke schrie und blökt',
Die beiden Füße sah dabei,
Da meinte sie, es habe frei (zuchtlos)
Das Kalb den Landsknecht aufgefressen.
Drob ward vor Angst sie wie besessen,

Blieb in der Stube nimmer lang',
Sprang voller Schrecken auf den Gang,
Schrie Zeter und Mord: Kommt herbei!
Der Bauer hört' ihr Mordgeschrei,
Rief aus der Kammer: Was ist denn dir?
Die Magd rief drauf: Weh'! Wehe mir!
O Bauer! es hat unser Kalb
Den Landsknecht gefressen mehr denn halb,
Allein noch liegen da die Füß'.
Da nahm der Bau'r den Schweinespieß,
Zog seinen st'gen Harnisch an
Und wollt' zur Stube gehn hinan.
Da schrie die Bäurin: Lieber Mann,
O sieh doch Weib und Kinder an!
Das Kalb, das könnt' zerreißen dich.
Da trat der Bauer hinter sich (zurück).
Die Kinder weinten ungeheuer.
Der Knecht kam auch her aus der Scheuer.
Sie konnten des Landsknechts nicht vergessen,
Meinten, das Kalb hätt' ihn gefressen.
Es überkam sie Furcht und Graus,
Und liefen alle aus dem Haus.
Der Bauer sagt' die böse Mär'
Dem Schulzen, wie's gegangen wär'
Mit Kalb und Landsknecht. Dem ward heiß
Und ging vor Ängsten aus der Schweiß;
Hieß alsbald läuten die Sturmglocken.
Die Bauern liefen all' erschrocken
Auf den Kirchhof, zitternd und frostig
Mit ihrer Wehr und Harnisch rostig.
Da sagt' der Schultheiß ihnen die Mähr,
Daß gar ein grausam Kalb da wär',
Das einen großen Mord gethan,
Gefressen einen ganzen Mann
Bis auf die Füß'. Auf diesen Wurm
(Ungeheuer)
Da müssen wir thun einen Sturm,
Daß man es gleich vom Leben thu';
Denn würd' das Kälblein eine Kuh,
So würden alle mit einander
Gefressen, Einer wie der Ander'.
Die Bauern erschraken, zogen dann
Vor's Haus, den Schulzen vornean.
Der Schulze sprach: Nun, stoßt es auf!
Die Bauern standen all' zu Hauf
Und sahen sich das Häuslein an;
Doch Keiner wollte vornen dran
Und solcher Sache sich vermessen

Aus Angst, das Kälblein möcht ihn fressen.
Ein alter Bauer den Rat gab:
Ich rat: Wir ziehen wieder ab
Und retten vor dem Kalb das Leben.
Wir wollen eine Steuer geben
In unserm ganzen Dorf durchaus,
Dem guten Mann bezahlen sein Haus
Und es verbrennen gar mit Feuer,
Mit sammt dem Kalb, dem Ungeheuer.
Die Bauern schrie'n: Fürwahr, Jo, Jo,
Das ist der beste Rat. Also
Steckten sie gleich das Haus in Flammen.
Die Dummeriane all' zusammen
Mit Wehr und Waffen das Haus umziehn,
Damit das Kalb nicht könnt' entfliehn.
Das Kalb lag da, konnt' noch nicht gehn;
Das wollten die Hansen nicht verstehn.
Bald nahm das Feuer überhand:
Das ganze Dorf ist abgebrannt.
Die Bauern litten großen Schaden.
Drum sind die Landsknecht' nicht in Gnaden
Beim Bauern; denn er meint noch heut':
Die Landsknecht' sind unsel'ge Leut',
Und sträubt sich immer überaus,
Landsknecht' zu nehmen in sein Haus,
Damit kein Schaden ihm erwachs
Von solchen Gästen, spricht Hans Sachs.

Einer der beliebtesten Fabeldichter des 16. Jahrhunderts Burkard Waldis (wahrscheinlich zu Allendorf in Hessen zwischen 1480 und 1490 geboren, Mönch und später nach seinem Übertritt zum Protestantismus erst Zinngießer und Kaufmann in Riga, zuletzt evangelischer Pfarrer in Abterode in Hessen, wo er nach 1557 gestorben sein soll) hat in seinem 1548 zuerst herausgegebenen „Esopus, gantz New gemacht vnd in Reimen gefaßt. Mit sampt Hundert Newer Fabeln" eine Anzahl von Dichtungen, deren Stoff dem Landsknechtsleben entnommen ist. So im 2. Buche die 79. Fabel: „Vom Karthäuser und Landsknecht"; im 3. Buche die 87. Fabel: „Von einem Hauptmann und seinem Caplan"; im 4. Buche die 6. Fabel: „Von einem verwundeten Landsknechte"; die 12. Fabel: „Vom Landsknecht und einer Kuh", sowie die 21. Fabel: „Von zweien Landsknechten und einem Dorfpfaffen" u. a.

Die 79. Fabel lautet:

Ein heilger Mann im Kloster lag.
Zum selben kam auf einen Tag
Ein Landsknecht, der ihm war verwandt,
Zu sehen, wie es um ihn stand.
Derselb ihn freundlich grüßen thät.
Er sah, daß er viel Schrammen hätt',
Sein Kleid zerhudelt und zerhackt,
Die Finger von der Hand gezwackt (abgehauen).
Da sprach der Mönch: „Ach lieber Ohm,
Ich rat' dir, daß du werdest fromm.
Hinfüro stell dies Leben ab,
Du bist nun schon ein alter Knab',
So macht das Kriegen manchen Buben
Wenig, die ohne Sünd es uben (üben).
Drum dich fürbaß in Ruh begieb,
Hab deiner Seele Heil so lieb!"
Er sprach: „Ich will das wahrlich thun,
Es ist kein Glaub auf Erden nun.
Die Fürsten woll'n den Sold nicht geben
Und von der Luft kann man nicht leben.
Das Garten, Mausen und das Rauben
Will man uns auch nicht mehr erlauben.
Drum will ich es euch gern geloben,
Ich will's hinfürder sein enthoben."
Es ist fürwahr 'ne schlechte Buß',
Wenn wer von Sünden lassen muß;
Wenn er nicht mehr kann Laster treiben,
Dann will er's erst für Sünde schreiben (ansehn).
Dank hat der Dieb, er läßt sein Stehlen.
Wenn seine Händ' sich ihm verhehlen (versagen),
So will er sein recht fromm und treu.
Auf Deutsch nennt man das Galgenreu.

Die Fabel „Vom Landsknecht und einer Kuh" lautet ohne die Moral:

Es g'schah einsmals auf eine Zeit,
Zwei Fürsten hatten einen Streit.
Ein jeder brennt und mordet, raubt,
Das war den Knechten dort erlaubt.
Ein Landsknecht thät mit Fleiß zuschauen
Und kam zu einer armen Frauen,
Die nichts mehr hatt', als eine Kuh,
Im ganzen Hause nichts dazu.
Sie steckt sie heimlich in die Kammer,
Vernagelt die mit einem Hammer.
Zu dieser kam der Landsknecht hin,
Sich Beut' zu suchen und Gewinn,
Begann dort mit der Frau zu hausen,
Schlug Katzen tot, wollt selber mausen
Und suchet zu der Frau Verdrieß (Verdruß)
Im kurzen Kasten lange Spieß' (Geld).
Nichts fand er, hatt' zu lang gesäumt,
War vorher Alles aufgeräumt.
Zuletzt ward er gewahr die Thür,
Stieß auf, lief 'nein und zog herfür
Die Kuh, die er da fand allein,
Und trieb sie fort. Mit lautem Schrein
Lief nach die Frau ihm: „Laßt mir sie!
Ich habe wahrlich nichts, als die.

Laß mir s', ich weiß sonst nicht, wovon
Ich künftig soll mein' Nahrung hon (haben)."
Der Landsknecht aber sprach: „Geh heim,
Vergeblich muß dein Bitten sein.
Spar dir den Weg und laß dein Wandern!
Laß' ich sie, nehmen sie die Andern."
Nicht lang darauf ward der Gesell
Erschlagen und kam in die Höll',
In Teufels Küchen heißer Glut
Geschah ihm, was man solchen thut.
Bestellet ward ein junger Teufel,
Daß er ihm Mores lehrt ohn' Zweifel.
Der blies ihm zu und macht ihm heiß.
Der Landsknecht sprach: „Fürwahr, ich weiß
Nicht, was ich dir zu Leid gethan.
Die Andern mich in Frieden lan (lassen)
Und du bist so auf mich erpicht".
Der Teufel sagte: „Denkst du nicht
Der armen Frau, zu der du kamst
Und ihr die einz'ge Kuh wegnahmst?
Wer sprach denn da: „Laß du dein Wandern!
Laß' ich sie, nehmen sie die Andern."
So heizt' dir hier ein Andrer ein,
Wenn ich dich ließ' in Frieden sein."

Sehr lustig ist die Fabel „Von zweien Landsknechten und einem Dorfpfaffen", die wenigstens in ihren Hauptteilen mitgeteilt werden soll.

Aus Halberstadt im Sachsenland
Zog einstmals, gänzlich abgebrannt,
Ein Landsknechtspaar wohl über Feld.
Sie hatten alle zwei kein Geld,
Nichts Seltsames bei solchen Knaben,
Die mehr verzehren, als sie haben.
Sie wußten nicht, wovon sich nähren
Oder zu welchem Fürsten kehren.
Wie sind wir, riefen sie, so arm!
Ach daß sich unser Gott erbarm.
Wie sie dahin nun zogen beid,
Kamen sie auf eine Wegescheid.
Sieh, da kam her ein Franziscan,
Wollt auch desselben Weges gahn (gehen).
Er grüßt sie freundlich: „Bonum mane!"[1]

Sie gaben Antwort: „Semper sane!"[2]
Er sprach: „Gesell'n, wo denkt ihr hin?"
„Nach Beute, sprachen sie, und G'winn.
Habt ihr zu essen, teilt uns mit."
Der Mönch sprach: „Zwar ich hab sonst nit,
Denn die paar Semmeln und zwei Käs';
Allein wenn euch gelüstet des,
Nehmt's hin, es sei euch unversagt,
Im Dorf gab's mir des Wirtes Magd."
Sie nahmen's, aßen, waren froh.
„Hätten wir ein' Kann' Bier oder zwo!"
Da sprach der Mönch: „Ich gäb's euch gern,
Doch wißt ihr selbst, darf's euch nicht lehr'n,
Wir Franziscaner ha'n kein Geld,
Wie unser Orden das bestellt (vorschreibt)."

---

[1] Mönchslatein: Guten Morgen! [2] Mönchslatein: Immer Heil!

Die drei gehen nun zusammen und treffen einen Pfaffen vom Dorfe, den ein Landsknecht um Gotteswillen bittet, ihnen Geld zu einer halben Kanne Bier zu schenken. Der Pfaffe aber schwört, daß er kein Geld bei sich habe, weil er Verwandte besuchen wolle.

> Da hub der Landsknecht an und lacht:
> „Hatt uns der Teufel so arm gemacht,
> So bloß uns vier zusammen (ge)bracht!
> Mein Tag hätt' ich das nicht gedacht,
> Ich halt es nun für's Beste: Wir
> Knien nieder an dem Strauche hier
> Und flehen Gott an alle vier,
> Daß er uns gebe nach Gebühr.
> Was er uns giebt, das wird geteilt."
> Der andre Landsknecht sich beeilt
> Ihm beizustimmen. Dazu willig
> Ist auch der Mönch. Der Pfaff denkt: Will ich
> Nicht, wie die andern, ifts vorbei;
> Sie schlagen mir den Kopf entzwei.
> Ein Weilchen that er noch verziehn,
> Dann sah man ihn auch niederknien.

Nach einem Weilchen erklärt der erste Landsknecht, er glaube, daß Gott ihr Gebet erhört habe. Er zieht seinen Beutel, der aber leer ist. Ebenso geht es seinem Gesellen; auch der Mönch hat kein Geld bei sich; aber der Pfarrer trägt einen Beutel am Halse, in dem die Landsknechte sechzehn Gulden und außer fünf Schreckenbergern noch einige Schneeberger finden. Sie teilen nun das Geld in vier Teile, doch überläßt der Mönch seinen Anteil den beiden Landsknechten. Im nächsten Dorf ladet der eine Landsknecht ins Wirtshaus zu Eimbeckschem Bier und Fischen ein; während aber die Wirtin mit der Bereitung der Fische beschäftigt ist, entwischt der Pfaffe und klagt beim Schultheißen die Landsknechte an, daß sie ihn beraubt hätten, wobei er sich auf das Zeugnis des Mönchs beruft. Der Schultheiß verhört die Landsknechte, erfährt aber dabei, wie sich der Pfaffe benommen hat, und giebt nun diesem selbst den Rat, seine Klage zurückzunehmen, da die Landsknechte vollständig im Rechte seien. Der Schwank schließt mit der Lehre:

> „Geht heim und handelt so nicht mehr
> Und nehmt euch das von mir zur Lehr:
> Laßt lieber einen Groschen fahren,
> Wenn einen Gulden ihr könnt sparen!"

Auch in den prosaischen Erzählungen jener Zeit fehlen die Landsknechtsschwänke nicht.

„Eine Fabel von etlichen Landsknechten" erzählt H. Bebel in seinen vielgelesenen „Facetiae". Sie heißt:

Etliche Landsknechte, die in der Schlacht waren umgekommen, sind mit dem roten Zeichen, wie es in des Heilands und St. Georgs Namen gemalt wird, und in der Ordnung hinab in die Hölle gezogen, auf daß sie den rechten Kriegsbrauch hielten. Als aber die Teufel das Zeichen sahen, mit welchem vormals die Hölle war bekämpft worden, haben sie vor alle Thore Riegel vorgeschoben und sie wohl verwahrt und versichert aus Furcht vor einer neuen Bestürmung und haben sich auch alle zu der Schlacht gewaffnet. Als nun die Landsknechte hinzugingen, sind sie mit Drohungen und mit Pfeilschüssen von der Pforte zurückgetrieben. Und der Thürhüter sagte ihnen: „Liebe Gesellen, weicht von hinnen zu den Gerechten und zieht dem Himmel zu, denn bei uns könnt ihr keine Wohnung bekommen." Und wie ihnen der Thürhüter einen Steig gezeigt hatte, den sie gehen sollten, und sie zu den Pforten des Himmels kamen, begehrten sie in den Himmel gelassen zu werden. Doch als St. Peter sie gesehen hat, spricht er: „Wer hat euch hierher geschickt? Geht bald weg! denn ihr seid Männer des Bluts, und weil ihr euer Leben lang niemals den Frieden geliebt habt, wäre es unbillig, daß ihr jetzt die ewige Ruhe finden solltet." Darauf sagt einer von den Landsknechten: „Wo sollen wir denn bleiben, da wir schon aus der Hölle vertrieben sind?" Zu dem sagt Petrus wieder: „Habt ihr mich nicht gehört? Geht hinweg, oder ihr werdet weggetrieben werden, denn ihr seid Lästerer und Gottschänder!" Da antwortet ihm ein Landsknecht mit großem Unwillen und lautem Geschrei: „Was hat denn der Wolf dem Fuchse des Raubes wegen Vorwürfe zu machen? Weißt du denn nicht, was du gethan hast, der du deinen Herrn und Meister fälschlich und treulos dreimal verleugnet hast? Das hat keiner von uns gethan!" Darüber ist Petrus schamrot geworden, hat auch gefürchtet, daß es die Himmlischen hörten, und spricht zu ihnen: „Schweigt doch, liebe Freunde, und tretet herein! Ich will hinfüran gegen die Sünder nicht mehr so rauh und streng sein."

Wie St. Petrus mit einem Landsknecht garten ging, erzählt ein anderer alter Schwank, den Achim von Arnim in die Geschichte des ersten Bärenhäuters aufgenommen hat. St. Petrus, dem der Tiergarten der Heiligen aus dem Himmel ausgebrochen war, während er die Landsknechte aus dem Himmel nach Warteinweil führte, verließ wegen der Vorwürfe der Heiligen den Himmel und zog eine Weile umher, bis die Sache zur Ruh gekommen wäre. Auf dieser Reise traf er einen Landsknecht und, da sie beide von milden Gaben lebten, so machten sie den Vertrag, was sie erbettelt, mit einander zu teilen. Da sie nun an einem Abend im Wirtshause sich ihre Beute vorzeigten, hatte der Landsknecht einen Hasen, Peter aber drei Goldgulden gewonnen. Der Hase ward an den Spieß gesteckt und der Landsknecht verrichtete, was des Kochs Sache ist. St. Peter aber suchte seine drei Goldgulden, die in kleiner Scheidemünze waren, auseinander. Der Landsknecht aber konnte es nicht erwarten und aß derweil des Hasen Herz und Leber im Voraus auf. Da nun der Hase gebraten und aufgetragen war, zerlegte ihn St. Peter in zwei gleiche Teile, aber das Herz war nicht da, auch fehlte die Leber. Da schwur der Landsknecht hoch und teuer, daß er sie nicht gegessen habe. St. Peter glaubte es und machte nun aus seinen Goldgulden drei Haufen. „Für wen soll der dritte Haufen?" fragte der Landsknecht. „Für den, der das Hasenherz gestohlen," sagte St. Petrus. Da strich der Landsknecht die zwei Gulden ein und sprach: „Ich habe das Herz gefressen." Und damit lief er davon. St. Petrus aber glaubt seitdem keinem Landsknechte mehr.

Auch Jörg Wickram erzählt in seinem „Rollwagenbüchlein" mehrere Schwänke von Landsknechten, von denen wir einige folgen lassen:

Von einem großen Prahlhans, der in ein Beinhaus gefallen ist.

Man findet noch heutzutage solche Großthuer und Eißenbeißer, welche so thun, als wollten sie allen Menschen mit einem Streich die Ohren abschlagen, so gar böse sind sie; sollte aber einer des Nachts über einen Kirchhof gehen, er ginge eher eine viertel Meile Wegs um. So war auch einmal ein Federschwinger, der trug den Hut voller Straußfedern, aber einen Hasenbalg zum Brusttuch. Zu einer Zeit war er aus einem Speckkriege wieder nach Hause gekommen; wo er zu den Leuten kam, erzählte er von grausamen Schwertschlägen, die er vollbracht hätte; seines Blutvergießens war kein Ende zu erzählen. Das war aber meines Bedünkens nur über Hühner, Gänse und Enten ergangen. Eines Tages saß er mit seinen Gesellen bei der Zeche und prahlte sehr und fing abermals von großen Streichen an zu sagen; zuletzt merkten sie die Possen und sannen auf einen Scherz. Unter andern Reden trug es sich zu, daß sie anfingen zu sprechen von einer alten, abgeschiedenen Frau, die am selbigen Abend erst gestorben war, die man aber aus Mangel an Zeit am selbigen Abend nicht hatte begraben können; ihre Mitbewohner hatten sie die Nacht nicht wollen im Hause behalten und hatten sie auf den Kirchhof getragen und auf eine Bahre in das Beinhaus gestellt, damit sie am künftigen Tage begraben würde. Sie hatten nun, wenn sie aus dem Wirtshaus heim gehen wollten, keinen andern Weg, als über den Kirchhof, daher neckten sie sich unter einander mit dem alten Weibe. Der gute Kriegsmann und Mauernbrecher hätte gewünscht, er wäre zehn Meilen entfernt gewesen, denn ihm war sehr angst vor dem alten verstorbenen Weibe, die doch in ihrem Leben gar kümmerlich an einem Stock schlich und ihm nicht einen Finger hätte biegen können. Die andern guten Gesellen merkten das an ihm und trieben daher ihren Spott je länger je mehr für sich, bis dem guten Landsknecht anfing die Stirn zu schwitzen, durfte sich doch aber der Schande halber nicht ängstlich zeigen. Zuletzt kam es dahin, daß die andern anfingen zu wetten, wer so kühn wäre und zuerst ohne Licht auf den Kirchhof zu gehen wage und sähe, ob das Licht oder die Ampel noch im Beinhaus brenne. Denn die Dinge zielten nur darauf hin, daß sie sehen wollten, was für ein männlich Gemüt hinter dem Gänsetöter wäre. Zuletzt kam die Wette auch an ihn. Er wurde zornig, stand auf vom Tisch, wollte die grausigen Worte nicht hören, zahlte die Zeche, nahm seinen Mantel und ging nach Hause. Nun wußte er keinen andern Heimweg, als über den Kirchhof, sonst hätte er durch einen tiefen Bach waten müssen. Also faßte er sich ein Mannesherz und ging mit Zittern und großem Schrecken auf den Kirchhof, und als er nahe an das Leichenhaus kam, wand er seinen Mantel um den Kopf, stieß die Finger in die Ohren, denn er war besorgt, er würde das alte Weib schreien hören, die in ihrem Alter stumm gewesen war. Er ging mit schnellen Schritten dahin, damit er von dem Kirchhof käme. Da er aber nicht sehen kann vor seinem Mantel u.s meint, sich von dem Beinhause zu entfernen, geht er gerade entgegengesetzt, trifft auf die Stiege und fällt mit schwerem Fall eine hohe steinerne Treppe hinab. Nun waren auch Stühle in dem Beinhaus, da fiel er schwer hinein und brach sich ein Bein; auch Kopf und Angesicht hatte er übel auf der Treppe zerfallen. Er fing an jämmerlich zu schreien; es war aber Niemand da, der ihm helfen konnte, denn es konnte ihn Niemand hören. Zuletzt umgab ihn solche Furcht, Angst und Schrecken, daß ihm auch das Schreien verging, er fing aber arg an zu seufzen und zu heulen. Da nun seine Gefährten genug gezecht hatten, gingen sie auch nach Hause.. Als sie nun zu dem Beinhaus kamen, hörten sie den armen Tropf schwer seufzen und meinten nicht anders, als daß das alte Weib wieder zu sich gekommen wäre, und da sie ein Licht hatten, gingen sie hinab und fanden ihren Gesellen mit zerbrochenem Bein zwischen den Stühlen liegen; sie trugen ihn sogleich in eines Arztes Haus und ließen ihn verbinden. Da erzählte er seine Geschichte der Länge nach, so daß sie lachen mußten zu seinem großen Schaden, der ihm widerfahren war, und er mußte, wie man zu sagen pflegt, den Spott zum Schaden haben.

Von einem Landsknechte, der nur drei Worte mit seinem Hauptmann zu reden begehrte.

Ein armer, einfacher Landsknecht litt großen Hunger; obwohl Proviant genug im Lager war, so hatte er doch kein Geld zum Kaufen. Daher trieb ihn die Not dahin, daß er begehrte vor den Hauptmann zu kommen in der Hoffnung, er würde ihm etwas vorsetzen. Es hatte aber der Hauptmann etliche Vornehme zu Gaste geladen, deshalb wollten die Trabanten den armen Knecht nicht vor ihn lassen. Als er nun ohne Unterlaß bat, man solle ihn doch vor den Hauptmann lassen, er hätte nicht mehr als drei Worte mit ihm zu reden, war denn auch ein nasser Vogel (Zechbruder) unter den Trabanten, den wunderte es, was er mit drei Worten könnte ausrichten, der sagte dem Hauptmann ausführlich, wie sich die Rede zugetragen hätte. Der Hauptmann mitsamt seinen Gästen, die auch wohl bezecht waren, sprachen: „Laß ihn herein, und redet er mehr denn drei Worte, so wollen wir ihn in die Eisen schlagen lassen." Also wurde er vor den Hauptmann in den Saal gelassen, der ihn fragte: „Was begehrst du, das du mit drei Worten willst ausrichten?" Antwortete der Landsknecht: „Geld oder Urlaub." Da lachten der Hauptmann und alle seine Gäste, und der Hauptmann setzte ihm einen Monat Sold aus.

Von zwei Landsknechten, die mit einander in den Krieg zogen.

Zwei gute Gesellen zogen mit einander in den Krieg, und wie es sich denn oft begiebt, wenn man gemustert hat und die Knechte vereidigt sind, daß man die Fähnlein, eins hier, das andere dorthin verschickt, so kamen auch diese zwei Gesellen aus einander, daß sie nicht eher wieder zusammen kamen, bis daß eine Schlacht geliefert war und die Haufen beurlaubt wurden. Als sie nun auf dem Heimwege waren, trafen sie sich von ungefähr wieder auf der Straße und reisten so einen Tag oder zwei zusammen und redeten viel unter einander, wie es jedem ergangen war. Nun war der eine sehr reich geworden, hatte viel Geld und Kleinode erworben, der andere hatte gar nichts. Da spottete der Reiche über ihn und sagte: „Wie hast du es nur angefangen, daß du so gar nichts gewonnen hast?" Der Arme antwortete: „Ich habe mich mit meiner Besoldung beholfen, nicht gespielt, noch den Bauern das Ihrige genommen; sie haben mir zu leid gethan!" Der andre sprach: „Du bist, wie ich höre, der Krieger einer, denen Johannes in der Wüste gepredigt hat, sie sollten sich mit ihrer Löhnung begnügen!" Der Arme erwiderte: „Ja und ich glaube, das wäre nicht so übel gehandelt." Der andre sprach: „Ach nein, lieber Bruder, die Zeiten sind vorbei; jetzt geht das anders zu. Wenn du barmherzig (mitleidig) sein und nicht zugreifen willst, so bekommst du dein Lebtage nichts; du mußt es so machen, wie ich es gemacht habe! Ich habe mich nicht bedacht, mit Kistenfegen und andern Ränken mir Geld zu schaffen. Du mußt es nehmen, wo du es findest, und mit niemand Mitleid haben." Der Arme dachte der Rede nach. Nun begab es sich, daß sie Nachts in eine Kammer zum Schlafen gewiesen wurden. Da gab der Arme Acht, wo der Reiche seinen Säckel und seine Kleinode hinlegte, und um Mitternacht stand er in aller Stille auf und nahm aus des Reichen Tasche eine goldene Kette und für etwa zehn Gulden Münzen und machte sich vor Tagesanbruch davon. Als es nun Tag ward, erwachte sein Gesell und fand seinen Bruder nicht. Da dachte er sich gleich, daß das seinen Haken habe, und faßte nach seinem

Sack, sah aber sofort, daß Kette und Geld fehlten. Darum eilte er dem andern auf dem Fuße nach, traf ihn zu Nürnberg und ließ ihn verhaften. Als nun der ehrsame Rat den Gefangenen zur Rede stellte, weshalb er Kette und Geld gestohlen hätte, antwortete er: „Er hats mich geheißen!" Die Herren fragten, wie das zugegangen sei. Da erzählte der Arme, wie der andre ihn gelehrt habe, so zu handeln, wie er, und keine Barmherzigkeit zu haben, sondern zu nehmen, wo er es fände. Danach hätte er denn gehandelt; und leichter und schneller, wie bei seinem Gesellen in der Kammer, hätte ers nicht haben können. Da erkannten die Herren, er solle ihm die Kette wieder geben, aber das Geld behalten, damit er auf dem Heimwege Zehrung habe; der andre aber solle keinen mehr lehren, reich zu werden.

Im deutschen Sprichwörterschatz ist der Landsknecht verhältnismäßig wenig vertreten. „Es sind nicht alle Landsknechte, die lange Spieße tragen." „Sich wie ein Landsknecht (d. h. tollkühn) schlagen", „Wie ein Landsknecht fluchen", „In Landsknechts Bett (d. h. auf der Erde) schlafen" sind die gebräuchlichsten. Auf sein gefährliches Handwerk weisen die Sprichwörter hin: „Man findet selten einen alten Landsknecht" und „Ein Landsknecht, allzu kurz verhauen, hüpft wie 'ne Elster in der Auen", sowie der zugleich auf die häufige Völlerei hindeutende Spruch: „Ein Landsknecht und ein Bäckerschwein woll'n allezeit gemästet sein, dieweil sie niemals wissen nicht, wenn man sie würgt und niedersticht." Auf die ihnen zugemuteten Entbehrungen weist der Spruch hin: „Ein Landsknecht muß Spitzen von Radnägeln verdauen können", und auf ihre Beutegier: „Landsknechte bedürfen keiner Katzen, sie können wohl selber mausen" und „Landsknechte lassen nichts liegen, als Mühlsteine und glühend Eisen", sowie: „Ein barmherziger Landsknecht ist vor Gott ein Märtyrer". — Endlich heißt es von ihnen in einer Priamel:

„Wo die Landsknecht sieden und braten und die Weiber führen das Regiment,
und die Pfaffen zu weltlichen Sachen raten da nimmts selten ein gutes End."

12.
Der Landsknechte Niedergang.

Noch während der Regierung Karls V., unter dem die von Maximilian I. geschaffene Wehrverfassung und Kriegsweise ihre glänzendsten Leistungen aufwies, begann die Erschlaffung der deutschen Volkskraft und zugleich das Sinken des Landsknechtswesens. Die tiefgehende politische und kirchliche Entzweiung ertötete allen Nationalsinn und hinderte auch jede Fortbildung der nationalen Wehrverfassung. Die kurze Blütezeit der Landsknechte fiel, wie G. Freytag in seinen „Bildern aus der deutschen Vergangenheit" treffend bemerkt, genau zusammen mit der großen Erhebung des deutschen Volks auf den idealen Gebieten des Lebens. Ihr Verfall beginnt fast zu derselben Zeit, in welcher der Bauernkrieg den Aufschwung der untern Volksschichten brach, in welcher die widerwärtigen Händel zwischen Lutheranern und Reformierten den Beweis lieferten, daß auch das neue Leben der Geister durchaus nicht alle Bedingungen eines siegreichen Fortschrittes enthalte. Er läßt sich datieren von ihrem Aufstande gegen Georg von Frundsberg, von jener Stunde, wo sie ihrem Vater, dem alten Landsknechtshelden, das Herz brachen.

Vieles wirkte zusammen, die Landsknechte zu verderben. Sie waren von ihrer Entstehung an Lohnkrieger auf Zeit, welche das Kriegshandwerk zünftig betrieben, und gewöhnten sich bald die Fahnen zu wechseln und nicht für eine Idee zu kämpfen, sondern für eigenen Vorteil und Beute.

Die frommen Zweifel, welche 1527 den wackern Hauptmann Asche von Cramm getrieben hatten, bei Luther über die Berechtigung des Kriegshandwerks für Christen anzufragen, Zweifel, die Luther mit der Erklärung beschwichtigt hatte, daß Waffengewalt in gerechter Sache, nicht des Angriffs oder des Raubes halber, sondern in ehrlicher Notwehr statthaft sei, existierten für die spätere Generation kaum noch, und je lockendere Bedingungen die Fürsten tüchtigen Landsknechten stellen mußten, um sie für ihren Dienst zu gewinnen und in demselben zu erhalten, um so mehr nahm die Gewinnsucht, die Frechheit und das gewaltthätige Auftreten der Landsknechte zu und mit ihnen die Unzuverlässigkeit und die Neigung zu Meuterei. Da sie meist nur um des Erwerbs willen dienten, so war ihre Gier nach erhöhtem Solde oft genug ein Hindernis der wichtigsten Unternehmungen. Wie von ihren wegen ihrer Käuflichkeit zuerst von ihnen verhöhnten Feinden, den Schweizern, hieß es bald auch von ihnen: „Kein Geld, keine Landsknechte." Für Oberste, Hauptleute und Knechte wurde es bald die Hauptfrage, ob auch bei einer Unternehmung etwas Ansehnliches „hinter sich zu schlagen" d. h. zu verdienen sei. Der edle Frundsberg hatte das Plündern, Brennen und Brandschatzen mit dem Bemerken verurteilt, er führe keinen Krieg mit Hasen, sondern mit Hirten und Hunden, aber schon Zinkgref in „Teutscher Nation klugausgesprochener Weisheit" begleitet diesen Ausspruch Frundsbergs mit der Bemerkung: „Solche Obersten sind heutiges Tags wohl so dünn gesäet, als armer Leute Korn; sie wissen besser, ihnen (sich) ihre Sachen zu Nutzen zu machen. Denn ihre Ars artium ist Alles das, so dieser fromme Oberst für Sünd' und Untugend gehalten."

Wie kaufmännisch Sebastian Schärtlin dachte, ist bekannt. Er nannte es schon ein glückliches Heimkehren, wenn er mit gefülltem Säckel und guter Beute heimkam, mochte auch für die allgemeine Sache das Ergebnis des Feldzugs noch so gering gewesen sein.

Bei solcher Anschauungsweise lag für die Führer die Versuchung nahe, sich nicht mit dem redlichen Erwerb zu begnügen, sondern durch die Künste des „Finanzierens" sich unerlaubte Vorteile zu verschaffen, die sie in den Stand setzten, ein schwelgerisches Leben zu führen und namentlich ihrer Spielwut zu frönen. Diese häufigen Betrügereien erschütterten begreiflicherweise das Vertrauen der Kriegsherren zu den Landsknechten überhaupt. Freilich lag die Schuld auch auf der andern Seite. Oft genug ließen die kriegführenden Fürsten die geworbenen Knechte ungebührlich auf den versprochenen Sold warten oder suchten dieselben durch Verschlechterung der Münze, indem sie zur Soldzahlung besonderes leichtes Geld schlagen ließen, um die versprochene Löhnung zu verkürzen. Und dies Verfahren trug nicht wenig dazu bei, die Landsknechte noch mehr zu demoralisieren; sie wurden betrogene Betrüger, und zuerst aus Not, dann aus Gewohnheit Plünderer und Räuber.

Eine schlimme Folge der Kriegführung durch die Landsknechte war die, daß nur wenige, welche sich der Kriegerzunft, dem Landsknechtorden, einmal angeschlossen hatten, Lust zu einem friedlichen Geschäfte nach ihrer Entlassung verspürten. Nur wenige hielten mit dem, was ihnen Sold und Beute verschafft hatte, haus, die meisten wurden, sobald sie das Erworbene verzehrt hatten, eine Geißel namentlich des Landvolks, unbekümmert darum, daß Reichstagsabschiede die „gartenden" d. h. bettelnden Landsknechte für vogelfrei erklärten und ihnen Galgen und Rad androhten. Sebastian Frank klagt in seiner Chronik, es sei leider dahin gekommen, daß ein jeder Landsknecht sich stelle, als habe er einen Eid geschworen, sobald er einmal einen Spieß auf die Achsel nehme, wolle er sein Lebtag keine Arbeit mehr thun, und nennt die Landsknechte „aller Welt Plage", „ein unnütz Volk, das ungefordert, ungesucht umläuft und Krieg und Unglück sucht", „ein unchristlich und verloren Volk, dessen Handwerk ist Hauen, Stechen, Rauben, Brennen, Morden, Spielen, Saufen ꝛc., ja das sich an anderer Leute Unglück freut und mit jedermanns Schaden nährt." Er hatte damit nicht unrecht, so wenig, als mit seiner Klage darüber, daß die leichte Art sich ein Heer zu verschaffen, der Kriegslust der Fürsten und dem Leichtsinn, mit dem man Kriege unternahm, ganz gewaltigen Vorschub leistete.

Schließlich trug noch ein technischer Grund dazu bei, die Schöpfung Maximilians und Frundsbergs, die ursprünglich einen großen Fortschritt im Kriegswesen bezeichnet hatte, in den Hintergrund zu drängen. Die Handfeuerwaffe, deren Anwendung im Kriege zuerst die Schwäche des alten Ritterheers erwiesen hatte, verringerte sehr bald die eigene Tüchtigkeit der Landsknechte. Die Hauptstärke des Landsknechtsheeres hatte in dem massenhaften Ansturm und der kräftigen Abwehr mit den langen Spießen bestanden — aber die bessere Bezahlung und der leichtere Dienst der Hakenschützen machten es immer schwerer, für die alten Landsknechtswaffen Volk in hinreichender Anzahl zusammenzubringen, und jemehr die Feuerwaffen vervollkommnet wurden, um so geringer wurde die Bedeutung, die man den Spieß- und Zweihänderträgern beilegte.

Mit dem Ende des 16. Jahrhunderts hörte auch der Name der Landsknechte auf in Gebrauch zu sein. Nur bei Dichtern späterer Zeit kommt noch vereinzelt diese Bezeichnung vor.

Zug
Nach Holzf
von J.

Tafel I.

Trachtenbild. Ende des 15. Jahrhunderts.
Nach M. Zasinger.

Doppelsöldner. Trommler.

Landsknechtstrachten.
Nach Victor Solis.

Tafel IV.

1. Landsknecht im Panzerhemd.

2. Freimann mit Richtschwert, in Pluderhose.

3. Profoß in Pluderhose mit Mäntelchen.

4. Landsknecht mit halber Pluderhose.

Landsknechtstrachten nach Fr. Brunn.

Tafel V.

Ein Fähndrich.
Im Hintergrunde Landsknechte auf Wachtposten
und marschierende Landsknechte.
Nach H. Goltzius.

www.ingramcontent.com/pod-product-compliance
Lightning Source LLC
Chambersburg PA
CBHW020417230426
43663CB00007BA/1204